A RAIVA
dos outros

RYAN MARTIN

A RAIVA
dos outros

estratégias para compreender e lidar com essa emoção

2024

Benvirá

How to Deal with Angry People
All Rights Reserved
Design and typography copyright © Watkins Media Limited 2023
Text Copyright © Dr Ryan Martin 2023
First published in the UK and USA in 2023 by Watkins, an imprint of Watkins Media Limited
watkinspublishing.com

Copyright da edição brasileira © Saraiva Educação, 2024
Todos os direitos reservados, incluindo o direito de reprodução integral ou em parte, em qualquer forma.

Título original: *How to Deal with Angry People: 10 Strategies for Facing Anger at Home, at Work and in the Street*

Direção editorial Ana Paula Santos Matos
Gerência editorial e de produção Fernando Penteado
Gerenciamento de catálogo Isabela Ferreira De Sá Borrelli
Edição Estela Janiski Zumbano
Design e produção Jeferson Costa da Silva (coord.)
Rosana Peroni Fazolari
Tradução Cristina Yamagami
Preparação Marta Almeida de Sá
Revisão Queni Winters
Diagramação Negrito Produção Editorial
Capa Lais Soriano

Dados Internacionais de Catalogação na Publicação (CIP)	
Vagner Rodolfo da Silva – CRB-8/9410	
G651h Martin, Ryan	
A raiva dos outros: estratégias para compreender e lidar com essa emoção / Ryan Martin; traduzido por Cristina Yamagami. – São Paulo : Benvirá, 2024.	
256 p.	
Tradução de: *How to deal with angry people: 10 strategies for facing anger at home, at work and in the street* / Ryan Martin	
ISBN: 978-65-5810-109-3 (Impresso)	
1. Autoajuda. 2. Relacionamento. 3. Pessoas. 4. Irritação. I. Título.	
2023-2902	CDD 158.1
	CDU 159.947
Índices para catálogo sistemático:	
1. Autoajuda	158.1
2. Autoajuda	159.947

1ª edição, agosto de 2024

Nenhuma parte desta publicação poderá ser reproduzida por qualquer meio ou forma sem a prévia autorização da Saraiva Educação. A violação dos direitos autorais é crime estabelecido na Lei n. 9.610/98 e punido pelo art. 184 do Código Penal.

Todos os direitos reservados à Benvirá, um selo editorial da Saraiva Educação, integrante do GEN | Grupo Editorial Nacional.

Travessa do Ouvidor, 11 – Térreo e 6º andar
Rio de Janeiro – RJ – 20040-040

Atendimento ao cliente: http://www.editoradodireito.com.br/contato

Para meus filhos maravilhosos, Rhys e Tobin,
que tornam cada dia melhor.

SUMÁRIO

Agradecimentos 15

Introdução | Lidando com pessoas com raiva............................. 17
    Quando caiu a ficha de que as coisas não iam bem 17
    Dois tipos de pessoas com raiva.................................... 20
    Para quem este livro foi escrito 21
    Para quem este livro não foi escrito 21
    Quando você sente despreparo e insegurança.................... 23
    Cinco advertências.. 24
    Como este livro está organizado 29

PARTE 1 | ENTENDENDO AS PESSOAS COM RAIVA 31

1 | Uma pessoa enraivecida ou uma pessoa com raiva? 33
    As duas naturezas da raiva.. 33
    "Quem ele é como pessoa com raiva e quem ele é quando não
    está com raiva são duas coisas muito diferentes" 34
    A raiva como uma emoção 37
    O que é um traço de personalidade? 39
    A "controvérsia da pessoa *versus* a situação" 43
    Que tipo de traço de personalidade é a raiva? 47

A personalidade raivosa...48

Nem todas as pessoas com raiva são iguais..50

Por que a pessoa tem raiva?..51

2 | A biologia da raiva..53

"Conforme indicado por brigas ou agressões físicas frequentes".........53

"Não quero ser um tirano"..55

Interações gene-ambiente...58

A genética da raiva...60

A raiva e o cérebro..62

O complexo impacto da testosterona...65

O papel do ambiente na interação gene-ambiente...............................68

3 | Educação emocional..71

Expressões aprendidas...71

"Passei grande parte da infância achando que ninguém me
entendia"..72

Os bebês e suas emoções..74

Regras de expressão emocional...82

Nunca paramos de nos desenvolver emocionalmente...........................84

Considerações finais sobre reforços e punições...................................85

Quando a raiva é contagiosa...87

4 | Quando a raiva é contagiosa..89

"Eu simplesmente surtei!"...89

"Era uma raiva desenfreada"...91

Contágio emocional...95

Epinefrina, euforia e raiva..97

Nosso ambiente faz muita diferença...100

"Não é um grupo pró-social"..101

Negatividade habitual e consistente..104

5 | As visões de mundo das pessoas com raiva.................................105

Conclusões baseadas em premissas falsas..105

"Quando percebo que alguém acha que sabe mais do que eu..."......107

As visões de mundo que levam à raiva 109

Três categorias amplas e sobrepostas de pensamentos 111

A origem de nossas visões de mundo 120

"Preciso de um tempo!" 122

PARTE 2 | DEZ ESTRATÉGIAS PARA LIDAR COM PESSOAS COM RAIVA 125

6 | Estratégia 1: Identifique o que você realmente quer 127

"Se ele não queria saber o que eu achava, não devia ter perguntado" 127

O que desejamos fazer nem sempre é o que devemos fazer 128

O instinto de vingança 130

Como evitar a vingança para obter um resultado melhor 132

Três passos para identificar seus objetivos 135

Como manter a calma em momentos emocionalmente carregados 137

7 | Estratégia 2: Mantenha a calma 139

Vermelho, suado, trêmulo, ofegante e sem conseguir pensar direito 139

O que não fazer 141

Como encurtar os 20 minutos 143

Planejamento e ensaio 149

Nem todo mundo grita e xinga 151

8 | Estratégia 3: Lembre-se de que a raiva pode se manifestar de várias maneiras 153

Sem gritos nem ataques 153

Externalização, internalização e controle 154

Expressões comuns de raiva 155

Três maneiras de lidar com pessoas com raiva 162

Como entender a raiva pela perspectiva da pessoa 164

9 | Estratégia 4: Tente entender o acesso de raiva do ponto de vista da pessoa 165

Ele está com raiva porque... 165

Como entender um incidente de raiva 168

Por que é bom entender a raiva do outro? 170

Como considerar a situação da perspectiva da pessoa 172

Como usar essas informações para desescalonar a situação ... 175

Quando a raiva é justificada 176

10 | Estratégia 5: Pergunte se a raiva é justificada 177

Quando o que deveria ser fácil acaba sendo difícil................. 177

Como saber se a raiva da pessoa é justificada? 178

Defensividade.. 179

Ameaças à nossa identidade 181

Como saber se você está na defensiva e o que fazer 183

O que a pessoa fez e o que a pessoa sente são duas coisas diferentes.. 186

Como pedir desculpas.. 188

Nem todo mundo admite que está com raiva........................... 189

11 | Estratégia 6: Encontre maneiras de dialogar se a pessoa não quiser falar.. 191

Quando a pessoa se fecha 191

Qual é o motivador? 193

Tentar retomar o relacionamento.. 196

A hostilidade da internet.. 200

12 | Estratégia 7: Afaste-se do discurso de ódio na internet........... 201

O "papel não ignorável" da raiva na internet 201

Alterando o humor pré-provocação 205

Por que a internet é tão hostil? 206

Permaneça no momento.. 213

13 | Estratégia 8: Evite ataques pessoais 215

"Você está fazendo o que sempre faz".................................... 215

Os ataques pessoais podem assumir várias formas.......................... 216

E se houver um padrão? 219

Como ter aquela conversa difícil 220

Nem sempre vai dar certo.. 223

14 | Estratégia 9: Saiba quando se afastar.................................. 225

É difícil pensar, escrever ou agir a respeito 225

Dois exemplos.. 226

Imposição de limites às pessoas que nos fazem mal.................... 229

Saiba quando se afastar 229

Como se afastar 232

Uma habilidade que requer prática e reflexão 236

15 | Estratégia 10: Combine as estratégias.................................. 237

Cultivar uma identidade 237

Revisão das cinco advertências 239

Executar mais de uma estratégia ao mesmo tempo.................... 240

Considerações finais.. 244

Leituras e recursos adicionais.. 245

No Brasil 245

Nos Estados Unidos 247

No Reino Unido 247

Na Austrália.. 247

Referências.. 249

PRIORIZE A SUA SEGURANÇA

É importante ter consciência de que lidar com uma pessoa com raiva é diferente de tolerar abusos físicos e/ou emocionais. Você não tem obrigação alguma de permanecer em um relacionamento que não lhe faz bem; então, se detectar algum sinal de perigo, vá para um lugar seguro.

AGRADECIMENTOS

Mais uma vez, sou profundamente grato à minha família, aos amigos, colegas e alguns desconhecidos que contribuíram com carinho, apoio e ideias enquanto eu escrevia este livro.

Devo muito à minha família. Tina, minha esposa, é uma parceira brilhante, talentosa, divertida e gentil. Pude contar com todo o seu apoio ao trabalhar neste livro, que acabou ficando muito melhor graças a seus *insights*. Temos dois filhos maravilhosos, Rhys e Tobin, que são uma fonte inesgotável de alegria, risadas e inspiração. Como eu disse na dedicatória, eles tornam cada dia melhor. Minha mãe, Sandy, é uma grande inspiração para mim e para muitas outras pessoas. Infelizmente, meu pai faleceu poucas semanas antes de meu último livro ser lançado; então, não pude compartilhar essa alegria com ele. No entanto, consola-me saber que ele teria se orgulhado de mim tanto por aquele livro quanto por este. Tenho três irmãos incríveis, cada um com suas próprias famílias maravilhosas que amo de paixão, e a família de minha esposa também é muito importante para mim. Tenho por todos enorme gratidão pelo apoio ao meu trabalho.

Também sou abençoado por viver cercado de amigos e colegas incríveis, que me inspiram com seus talentos, senso de humor e brilhantismo. Tive a sorte de contar com muitas amizades profundas e significativas, inclusive amigos que tenho desde o colégio. Não tenho como dizer tudo que o apoio deles significa para mim. Também trabalho com pessoas incríveis na University of Wisconsin-Green Bay.

Todos os dias, tenho a chance de conviver com professores talentosos, acadêmicos brilhantes e alunos altamente capazes e empenhados. É simplesmente impossível trabalhar em um lugar como esse sem se beneficiar da sabedoria de todas essas pessoas. Sou grato a cada uma delas, e sei que este livro não seria tão bom sem sua valiosa influência.

Nos últimos anos, conectei-me com centenas de milhares de pessoas por meio das mídias sociais, especialmente pelo TikTok e pelo Instagram. Quando entrei nessas plataformas, não fazia ideia de como seria gratificante. Adoro saber que tantas pessoas se interessam pelo meu trabalho, mas sou ainda mais grato por tudo que aprendi com elas. As histórias e ideias que as pessoas compartilharam comigo me inspiraram muito, e este livro se beneficiou consideravelmente de sua abertura para me revelar seus pensamentos e suas experiências.

Agradeço imensamente à equipe maravilhosa da Watkins Publishing, em especial minha editora, Fiona Robertson, que tanto me apoiou enquanto eu escrevia este livro (e que foi tão paciente quando demorei mais que o esperado para entregar o manuscrito), e a diretora de marketing Laura Whitaker-Jones, fonte constante de otimismo e boas ideias. Sou extremamente grato pelo trabalho delas e de toda a equipe da Watkins, que ajudou a tornar este livro uma realidade.

Por fim, presto meu reconhecimento a todos os pesquisadores dedicados a estudar a raiva e outros tópicos relacionados. Seus esforços inabaláveis para entender melhor essas importantes experiências humanas são fundamentais para ajudar as pessoas a terem uma vida emocional mais saudável. Tanto eu quanto todas as pessoas que buscam o bem-estar emocional devemos muito a esses estudiosos.

INTRODUÇÃO

Lidando com pessoas com raiva*

Quando caiu a ficha de que as coisas não iam bem

Um dia, no final de 2021, recebi uma ligação que deixou claro o tamanho da raiva das pessoas. Era de uma bibliotecária que tinha ouvido falar do meu trabalho por intermédio de uma amiga e queria saber se eu poderia treinar a equipe dela para lidar com clientes difíceis.

"Você pode me falar um pouco mais sobre o que está acontecendo?", perguntei.

"Nossos clientes são muito difíceis", ela respondeu. "Chegam a ser agressivos, então, precisamos de algumas estratégias para lidar com isso." Ela contou que a equipe estava enfrentando muita hostilidade dos frequentadores da biblioteca. Disse que as pessoas que compu-

---

* Nota da Editora: optamos por utilizar a expressão "pessoas com raiva" na edição brasileira quando o autor se refere, em inglês, ao termo *angry people*, que seriam pessoas cuja personalidade é predominantemente caracterizada pela raiva. Você notará também que há uma distinção sutil em "pessoas enraivecidas", que seriam aquelas que estão em um estado momentâneo de raiva.

nham a equipe precisavam aprender estratégias para despersonalizar algumas dessas interações, mas também para acalmar os clientes.

Foi aí que caiu a ficha para mim. Eu já havia recebido muitos convites para falar na TV sobre temas como violência no trânsito, hostilidade em aviões e brigas em escolas. Estávamos no meio da pandemia da Covid-19, sendo solicitados a usar máscaras em muitos locais públicos e a respeitar regras de distanciamento social. Pessoas que não queriam usar máscaras e/ou achavam que a pandemia não era um grande problema estavam furiosas. Relatos de passageiros agredindo comissários de bordo verbal e até fisicamente* passaram a ser comuns, tanto que as companhias aéreas estavam implementando novas políticas e punições na esperança de reduzir esses incidentes de fúria e agressão.

Entretanto, por alguma razão, a situação da biblioteca me pareceu diferente. Eu nunca senti raiva de um bibliotecário. Na verdade, muito pelo contrário. Minhas experiências com bibliotecários sempre foram positivas. Trabalho com alguns bibliotecários na universidade, e eles são excelentes colegas. Quando meus filhos eram pequenos, íamos à biblioteca nos fins de semana, e nunca tivemos nenhum problema. Posso afirmar que – e peço desculpas por generalizar – os bibliotecários com quem tive contato são algumas das pessoas mais gentis e prestativas que já conheci.

Então, quando recebi aquela ligação, a primeira coisa que me passou pela cabeça foi… caramba! Como é que chegamos a esse ponto, com as pessoas gritando com bibliotecários?** Prefiro não me deixar influenciar pela minha percepção das coisas; então, decidi dar uma

---

* Isso aconteceu mais de uma vez nos últimos dois anos. Em um caso, um passageiro deu dois socos em uma comissária de bordo, chegando a quebrar o nariz dela. Em outro, um comissário de bordo levou vários socos e teve vários dentes quebrados.

** Depois daquela ligação, conversei com uma amiga bibliotecária e ela me disse que, como qualquer trabalho que envolve atendimento a clientes, às vezes, ela precisava lidar com clientes irritados. Ela me contou que também sentiu que os frequentadores da biblioteca estavam mais hostis.

pesquisada para verificar se eu era o único a achar que os bibliotecários tendiam a ser gentis. Concluí que não, eu não era o único. Pelo menos em 2013,[1] a maioria dos americanos apreciava a experiência em uma biblioteca de um modo afetuoso – 94% das pessoas descreveram a biblioteca como um lugar acolhedor e amigável. Outras pessoas (91%) disseram que "pessoalmente, nunca tiveram uma experiência negativa em uma biblioteca pública". Sinceramente, parece que esse apreço pelas bibliotecas é uma das únicas coisas sobre as quais os americanos concordam.

Tudo me levou a crer que uma das três coisas descritas a seguir estava acontecendo:

1. A situação mudou desde 2013 e as bibliotecas, de alguma forma, se tornaram uma fonte de grande descontentamento, levando as pessoas a adotar uma grande hostilidade em relação aos bibliotecários. Duvido que seja o caso.

2. Os 6% dos americanos que não consideram as bibliotecas acolhedoras e amigáveis tendem a ser hostis e agressivos. Também não acho que seja isso.

3. Muitas pessoas veem as bibliotecas como lugares acolhedores e amigáveis, mas, mesmo assim, perdem a calma quando não conseguem o que querem. Estou quase certo de que é esse o caso.

Desde então, os convites para falar na mídia e ministrar cursos para ensinar as pessoas a lidar com pessoas com raiva tornaram-se muito mais frequentes. Tanto os prestadores de serviços quanto as outras pessoas, em geral, estão me dizendo que não sabem mais o que fazer para lidar com a hostilidade dos outros. Pior ainda, parece que estamos em um momento particularmente hostil. Embora não haja um indicador internacional dos níveis de raiva, alguns dados sugerem que as pessoas estão especialmente furiosas, pelo menos nos Estados Unidos. São inúmeros os relatos de violência no trânsito, incluindo tiroteios;[2] professores em todo o território americano estão relatando mais violência escolar;[3] e prestadores de serviços de todos os tipos estão tendo de lidar com clientes mais irritados. A raiva está correndo solta, e nada indica que as pessoas vão se acalmar.

Dois tipos de pessoas com raiva

Ao longo da vida, temos dois tipos de interação com pessoas com raiva. O primeiro envolve interações como as que acabei de descrever. São interações isoladas, nas quais um desconhecido fica com raiva de nós, por exemplo, por causa do modo como fizemos nosso trabalho, do modo como estamos dirigindo, ou porque acha que o estamos impedindo de conseguir o que quer (bloqueio de objetivos) ou lhe tratando mal ou de forma injusta. Pode ser um cliente, um desconhecido em um local público ou uma pessoa dirigindo um carro atrás do nosso. Desconhecemos o histórico da pessoa ou o que aconteceu com ela naquele dia. Não sabemos se ela tende a reagir com raiva ou hostilidade ou se apenas teve um dia difícil. Tudo que sabemos é que estamos sendo alvo da raiva da pessoa naquele momento e que, provavelmente, nunca mais a veremos.

O segundo tipo de interação envolvendo pessoas com raiva, porém, pode ser muito mais complicado. Não é uma interação isolada, com alguém desconhecido, mas sim com alguém com quem interagimos com frequência, talvez até todos os dias. Esse tipo de interação envolve uma pessoa com personalidade raivosa com quem convivemos muito. Pode ser nosso chefe, um amigo, nosso parceiro, um irmão, nosso pai ou nossa mãe ou até um filho. Não são interações isoladas, mas ocorrências frequentes, e nosso sucesso e nossa felicidade, nesse caso, dependem de nossa capacidade de interagir, trabalhar e conviver com essas pessoas.

Este livro foi escrito para ajudar você a lidar com essas duas categorias de interação. Se você precisa conviver com muitas pessoas raivosas – seja em seu trabalho (como comissário de bordo, atendente, bibliotecário) ou por alguma outra razão –, este livro trará ferramentas valiosas para lidar com essas interações isoladas. Se existe alguém assim em sua vida, este livro ajudará a compreender essa pessoa, trabalhar e interagir com ela de forma produtiva, sem, contudo, deixar-se afetar pelo lado tóxico dela.

UMA CURIOSIDADE SOBRE A RAIVA

Cerca de um terço das pessoas afirmam ter um amigo próximo ou parente com um problema de raiva.[4]

Para quem este livro foi escrito

Se você precisa lidar com pessoas com raiva, hostis, irritadas ou agressivas, este livro é para você. A natureza de seu trabalho pode exigir interações frequentes com pessoas com raiva. Ou pode haver uma pessoa específica com quem você interage com regularidade que tem dificuldades para controlar a raiva. Por exemplo:

- Você se relaciona com alguém que costuma perder a paciência e atacar as pessoas?
- Você tem um filho que vive tendo explosões de raiva ou perdendo a paciência?
- Seu pai ou sua mãe explode com frequência, dizendo coisas agressivas ou forçando você a pisar em ovos?
- Você tem um chefe ou um colega impaciente e irritadiço, que provoca a sua ansiedade no ambiente de trabalho?
- Você tem um amigo que parece estar sempre com raiva, a ponto de você questionar sua amizade com ele?

Para quem este livro não foi escrito

Este livro não foi feito para pessoas que estão envolvidas em relacionamentos abusivos. Não foi escrito para pessoas que são agredidas no aspecto físico ou emocional com frequência por alguém incapaz de controlar a raiva. Se você estiver em um relacionamento abusivo, definido como "um padrão de comportamento usado por um parceiro para manter o poder e o controle sobre outro parceiro em um relacionamento íntimo",[5] recomendo deixar este livro de lado e procurar alguém que possa ajudar você a se manter em segurança. Nos Estados Unidos, por exemplo, qualquer pessoa que esteja em um relacionamento abusivo pode ligar para o National Domestic Violence Hotline a fim de obter ajuda.* Consulte a seção "Leituras e recursos adicionais", no fim deste livro, para obter detalhes sobre organizações nos Estados Unidos, no Reino Unido, na Austrália e na Nova Zelândia.**

Cabe ressaltar uma diferença muito importante que nem todos conseguem estabelecer. *Raiva* e *agressão* são coisas distintas. A raiva é um estado emocional. É uma emoção provocada pela crença de que alguém está nos tratando de modo injusto ou bloqueando nossos objetivos. É uma emoção extremamente comum, e a maioria das pessoas afirma senti-la algumas vezes por semana ou até mesmo todos os dias.[6] É diferente dos comportamentos tóxicos que, às vezes, são associados a ela. Esses comportamentos tóxicos refletem agressão – quando a pessoa tem a intenção de ferir no âmbito verbal ou físico.

Essa distinção é importantíssima, sobretudo no contexto deste livro. O mundo está repleto de pessoas com raiva que não são necessariamente agressivas. A raiva pode ser expressa de formas quase infinitas, e a violência física é uma consequência relativamente rara. As pessoas têm muito mais chances de sofrer outros tipos de consequências, como sentir medo ou tristeza, após uma explosão de raiva; podem entrar em uma discussão verbal, quebrar algum bem material, dirigir perigosamente, embriagar-se ou usar outras drogas. As pessoas com raiva com quem você interage podem não ser abusivas, mas isso não quer dizer que seja fácil interagir com elas. Elas ainda podem ter uma influência muito tóxica em sua vida e causar exaustão, opressão, ansiedade ou até raiva também.

---

* Nota da Tradutora: no Brasil, ligue 180, para a Central de Atendimento à Mulher.

** Nota da Editora: incluímos também informações sobre o Brasil.

Quando você sente despreparo e insegurança

Sou professor de psicologia e estudo a raiva e outras emoções há mais de 20 anos. Pesquisei expressões saudáveis e não saudáveis de raiva, ministrei cursos sobre a raiva e outras emoções e, no início da minha carreira, atendi, como terapeuta, muitos pacientes com problemas de raiva. Também fiz questão de conversar com os entrevistados das minhas pesquisas e as pessoas nas redes sociais para entender as experiências vividas tanto pelas pessoas com raiva quanto pelas que convivem e trabalham com elas.

Decidi escrever este livro depois que fiz uma série de vídeos que viralizaram no TikTok. As pessoas ficaram tão interessadas na série "Dealing with angry people" ("Lidando com pessoas com raiva") que me pareceu que o mundo estava precisando com urgência daquelas informações. Recebi milhares de comentários e perguntas, e tanto o BuzzFeed[7] quanto o Bored Panda[8] publicaram artigos sobre a série. Os comentários e as perguntas deixaram claro que as pessoas se sentiam despreparadas e incertas em relação à raiva. Elas faziam perguntas do tipo: "Como dar as costas a uma discussão se a pessoa se recusa a largar o osso?", "O que eu faço quando a pessoa está com tanta raiva que não quer falar comigo?", "E se a pessoa não estiver com raiva de mim, mas, no caso, eu tiver de lidar com a raiva que ela sente dos outros?".

Essas e outras perguntas que recebi são interessantíssimas, ponderadas e complexas; então, usei-as como um guia para decidir o que incluir neste livro. Elas me ajudaram a entender as dificuldades das pessoas e me forçaram a pensar com seriedade em formas de ajudar as pessoas a navegar por essas interações e dinâmicas complicadas no âmbito emocional.

Essas conversas na internet também me mostraram como é comum as pessoas trabalharem, conviverem ou interagirem com pessoas com raiva. De acordo com a British Association of Anger Management

(Associação Britânica de Controle da Raiva), cerca de um terço das pessoas têm um amigo ou ente querido com problemas de raiva; contudo, isso não abrange apenas colegas, clientes ou até um desconhecido aleatório com o qual podemos nos deparar na rua. Os problemas de raiva parecem estar aumentando e, mesmo que sejamos pessoas calmas e tranquilas, são grandes as chances de precisarmos interagir com pessoas com raiva com regularidade.

Para escrever este livro, entrevistei muitas pessoas que se consideravam raivosas ou que tinham uma pessoa com raiva em sua vida (às vezes, ambos os casos). Essas entrevistas deixaram claro que a pessoa com raiva, muitas vezes, estava tão ligada à vida do entrevistado que se distanciar era muito difícil ou até impossível. A pessoa com raiva era um chefe, um pai ou uma mãe, um parceiro, um ex-parceiro com a guarda compartilhada dos filhos ou até o próprio filho. Eram pessoas que tinham poder sobre os entrevistados (como um chefe, o pai ou a mãe) ou pessoas com profundos vínculos pessoais (como o parceiro ou um irmão); assim sendo, o entrevistado achava impossível apenas se desvincular delas. Os entrevistados se sentiam presos no relacionamento com a pessoa com raiva e não sabiam o que fazer.

Cinco advertências

Ao ler este livro, mantenha em mente cinco ressalvas importantes (descritas a seguir). Elas fazem parte de tudo que sei sobre pessoas com raiva e são indispensáveis para que você tire o máximo proveito desta leitura.

Às vezes, a raiva é justificada

Ninguém gosta de admitir isso, mas, às vezes, a raiva que alguém sente de nós tem uma razão de ser. Nós também somos humanos, portanto, passíveis de erros. Fazemos coisas, mesmo sem querer, que podem prejudicar ou dificultar a vida dos outros. Podemos interferir nos objetivos das pessoas, tratá-las de modo injusto ou até desrespeitá-las. A raiva não é um sentimento inerentemente ruim. Na verdade, é uma emoção saudável e importante, pois nos permite saber que fomos injustiçados e nos fornece a energia da qual precisamos para lidar com a injustiça. A raiva que a pessoa sente de nós pode ser uma reação razoável e saudável a algo que fizemos.

Isso não significa, entretanto, que o comportamento da pessoa é justificado. A raiva pode ser expressa de várias maneiras, algumas das quais podem ser cruéis e injustas. Pode acontecer de fazermos algo errado, a pessoa ficar com raiva de nós e nos tratar de forma inaceitável. Só podemos conviver bem com pessoas com raiva se estivermos totalmente abertos a considerar essa dinâmica. Precisamos nos manter abertos e ser capazes de encarar a situação com franqueza, discernimento e até alguma vulnerabilidade. Reconhecer que podemos ter errado e que somos, em parte, responsáveis por alguma situação requer esforço emocional, e só poderemos ter bons relacionamentos se nos dispusermos a nos colocar nessa posição.

DICA

Saiba que você não tem obrigação alguma de manter um relacionamento com uma pessoa com raiva se esse relacionamento não lhe fizer bem ou se for perigoso para você.

A raiva é, ao mesmo tempo, um estado emocional e um traço de personalidade

Explicarei melhor essa teoria no primeiro capítulo, mas precisamos reconhecer que a raiva pode ser tanto um estado emocional quanto um traço de personalidade. É um estado emocional no sentido de que qualquer pessoa pode ficar com raiva em algum momento. É uma experiência emocional normal e saudável, assim como a tristeza, o medo ou a alegria. No entanto, algumas pessoas sentem raiva com mais frequência que outras. Quando uma pessoa fica com raiva com mais frequência que a maioria das pessoas ou quando sente essa raiva com mais intensidade que as outras, começamos a vê-la como alguém com personalidade raivosa. Para essa pessoa, a raiva é mais um traço de personalidade que apenas um estado emocional. A raiva faz parte de quem ela é.

Vemos a mesma dinâmica se desenvolver também com outras emoções. Você deve conhecer alguém que considera ansioso. A pessoa sente mais medo e nervosismo que a maioria, mas isso não quer dizer que ela seja ansiosa o tempo todo. Também não significa que as pessoas não ansiosas nunca sentem medo. Elas também ficam ansiosas, nervosas e sentem medo... mas não com tanta frequência. Tristeza, alegria, orgulho e curiosidade são estados emocionais e traços de personalidade.

Quando as pessoas sentem raiva de você, você reage com sua própria combinação complexa de emoções

A raiva dos outros não se encontra num vácuo emocional. Quando alguém sente raiva de você, você reage com base em seus próprios sentimentos. Você pode, por exemplo, sentir raiva também ("Quem ele pensa que é para me tratar assim?"). Pode ficar com medo, imaginando que a situação pode escalar para a agressão física. Pode sentir constrangimento, vergonha ou até ficar na defensiva ao pensar sobre o que você fez para provocar tanta raiva.

Mais que alguns outros estados emocionais, a raiva pode ser considerada uma emoção social. Como ocorre, sobretudo, em situações sociais, por definição, qualquer situação que envolva a raiva também provocará outras emoções. A dinâmica passa a ser muito mais complexa, e navegar por essa experiência requer conhecimento e *insight* emocional. Devemos ser capazes de entender e administrar nossas próprias emoções, ao mesmo tempo em que entendemos e administramos as emoções da outra pessoa.

As pessoas com raiva não são necessariamente monstros

Por várias razões, as pessoas com raiva costumam ser vistas como pessoas más. Tendemos a acreditar que a raiva pode ser controlada de maneiras que a tristeza e a ansiedade não podem; por isso, as pessoas com raiva são consideradas culpadas de uma forma que as pessoas deprimidas ou ansiosas não são. Além disso, as pessoas com raiva podem prejudicar, magoar ou até ferir outras pessoas de seu convívio por meio de agressão verbal ou física, o que pode levar a uma percepção particularmente negativa das pessoas com problemas de raiva. É comum elas serem consideradas inconsequentes, egoístas, insensíveis e até cruéis.

Acho válido repensar um pouco essa perspectiva. Nossa raiva pode vir de muitos lugares, e nem todos esses lugares têm raízes na crueldade ou no desrespeito. Será que algumas pessoas com raiva, no fundo, são narcisistas ou hostis? Sim. Será que algumas pessoas têm a raiva enraizada na crença de que são melhores que os outros e não sentem remorso? Sem dúvida. Essas pessoas existem, e essa raiva pode ser excepcionalmente tóxica e potencialmente perigosa.

Contudo, outras pessoas têm a raiva enraizada em alguma outra coisa. Pode ser mágoa, medo ou até vontade de cuidar do mundo ao seu redor.* Por exemplo, algumas pessoas têm opiniões tão arraigadas sobre a justiça que qualquer tipo de injustiça serve como gatilho. Elas olham ao redor, veem um mundo profundamente injusto e passam grande parte da vida furiosas. Até pequenos incidentes de injustiça as levam a uma espiral de raiva – não por falta de consideração ou empatia pelos outros, mas pelo motivo oposto. Elas se importam tanto com a humanidade e com o mundo que não conseguem tolerar o que veem acontecendo ao seu redor.

---

* Às vezes, as pessoas se surpreendem ao saber que me incluo nesta categoria. Apesar de não tender a expressar minha raiva com hostilidade ou agressividade, é comum eu me pegar enfurecido com uma série de questões sociais.

Enquanto você lê este livro, vou lhe dar uma tarefa que pode não ser fácil. Tente ver com compaixão e compreensão as pessoas com raiva que fazem parte de sua vida. Esforce-se para ver o mundo através dos olhos delas e entender o que as motiva. Não estou dizendo que você deva tolerar hostilidade ou abuso. Longe disso. Eu jamais recomendaria a alguém tolerar uma situação abusiva, hostil ou perigosa. Só estou propondo tentar ver o mundo da perspectiva da pessoa e levar em conta o sofrimento dela agora e no passado.

DICA

Pode ser importante fazer terapia se você tiver dificuldade para se afastar de uma pessoa com raiva.

Algumas vezes, as pessoas com raiva podem ser tóxicas e perigosas

Conscientes de tudo isso, também precisamos reconhecer que algumas pessoas com raiva podem não lhe fazer bem. Não porque sejam necessariamente "más", mas a presença delas em sua vida pode não ser saudável para você. Muitas pessoas me disseram, nas entrevistas e nas redes sociais, que conviver com pessoas com raiva, sobretudo as que expressam sua raiva com agressividade, pode ser exaustivo e prejudicar consideravelmente sua saúde mental. Elas me disseram que passam grande parte do tempo não apenas administrando suas próprias emoções, mas também tentando administrar as emoções da pessoa com raiva. Elas nunca ficam à vontade, nem conseguem agir com naturalidade, porque estão ocupadas demais tentando impedir que a bomba exploda.

Acho importante deixar claro que este livro não é um guia para aprender a tolerar qualquer tipo de abuso. A última coisa que eu quero é que as pessoas pensem que devem suportar um comportamento hostil e agressivo. Em um mundo ideal, as pessoas com raiva trabalhariam suas emoções para livrar os outros do fardo de fazer esse trabalho emocional. Elas lidariam com a própria raiva e tratariam os outros com respeito. Escrevi meu último livro, *Desconstruindo a raiva: ela é uma força poderosa e você pode usá-la a seu favor*, para ajudar as pessoas com raiva a fazer exatamente isso. O problema, no entanto, é que nem toda pessoa com raiva quer ficar menos raivosa. As pessoas gostam das consequências de sua raiva. A raiva pode até reforçar suas crenças; então, elas encarariam qualquer mudança como algo indesejado. Outras pessoas com raiva podem até querer mudar, mas a mudança pode ser assustadora e difícil. Elas sabem que podem estar fazendo mal aos outros e almejam trabalhar suas emoções, mas simplesmente não conseguem.[*]

Quando a pessoa com raiva com quem você convive lhe parece sobretudo tóxica e você não encontra alguma opção, faz sentido impor alguns limites para o relacionamento. A pessoa pode não aceitar sua decisão, mas você não tem obrigação alguma de manter pessoas com raiva em sua vida. Se não for saudável interagir com alguém, você pode reduzir as interações ao mínimo ou até afastar-se completamente da pessoa.

Como este livro está organizado

Na Parte 1, veremos como entender as pessoas com raiva. Apresentarei estudos sobre tipos de personalidade, fatores biológicos, desenvolvimento emocional, contágio emocional e estilos de pensamento. Acho importante ter esse conhecimento a fim de desenvolver a compaixão e compreensão necessárias para lidar com pessoas com raiva. Embora essa primeira parte apresente uma visão mais geral das experiências das pessoas com raiva, cada capítulo fornece algumas ideias práticas e termina com uma atividade para ajudar a entender melhor as pessoas com raiva que fazem parte de sua vida.

---

[*] Algumas pessoas me disseram que acharam difícil ler meu último livro exatamente por esse motivo. Elas me contaram que começaram a perceber como podiam estar prejudicando a si mesmas e aos outros, e isso foi muito assustador para elas.

A Parte 2 apresenta dez estratégias para lidar com pessoas com raiva no momento do incidente de raiva:

1. Como identificar o que você realmente quer.
2. Como manter a calma e não perder o controle.
3. Como reconhecer a raiva em suas diferentes expressões.
4. Como compreender a raiva pela perspectiva da pessoa.
5. Como identificar quando a raiva da pessoa é justificada.
6. Como lidar com pessoas com raiva que se recusam a conversar.
7. Como responder de modo produtivo ao discurso de ódio na internet.
8. Como evitar ataques pessoais.
9. Como identificar o momento de se afastar.
10. Como combinar estratégias.

Ao longo do livro, darei exemplos reais de pessoas com quem conversei e compartilharei estudos recentes para ajudar você a navegar por esses eventos emocionalmente desgastantes.

Mais que isso, mostrarei como desenvolver e consolidar uma identidade de alguém que almeja resolver os conflitos e é capaz de interagir com pessoas com raiva de forma produtiva e eficaz. Não basta ter ferramentas para ser capaz de lidar com a raiva e a hostilidade dos outros. É bem verdade que essas ferramentas são importantes. Entretanto, você também precisa saber usá-las. Precisa ter objetivos saudáveis em mente e ser capaz de ater-se a esses objetivos quando as coisas esquentarem. Veremos como manter esses objetivos em mente e adotar a identidade de alguém capaz de navegar com tranquilidade e confiança pela raiva dos outros.

PARTE 1

ENTENDENDO AS PESSOAS COM RAIVA

CAPÍTULO 1

Uma pessoa enraivecida ou uma pessoa com raiva?

As duas naturezas da raiva

A raiva pode ser uma emoção – um estado emocional – que todos nós podemos sentir. Neste caso, pode ser descrita como uma reação psicológica à injustiça, aos maus-tratos ou ao bloqueio de nossos objetivos. É um desejo emocional de atacar a pessoa que nos prejudicou ou atacar algo que está nos impedindo de conseguir o que almejamos. Como qualquer emoção, a raiva é associada a um conjunto relativamente específico de pensamentos, experiências fisiológicas e comportamentos.

No entanto, a raiva também pode ser um traço de personalidade. Neste caso, estamos nos referindo a um padrão consistente de sentimentos, pensamentos e comportamentos. Alguém com uma personalidade raivosa tende a ficar com raiva com mais frequência que a maioria das pessoas, não necessariamente porque enfrenta mais provocações, mas porque se irrita ou se enfurece com coisas que em geral não incomodam os outros. Como qualquer traço de personalidade, a raiva não é 100% invariável. Assim como as pessoas ansiosas são capazes de passar alguns momentos sem sentir medo ou ficar nervosas, as pessoas com raiva são capazes de ter momentos de calmaria.

ESTUDO DE CASO: IZZY
"Quem ele é como pessoa com raiva e quem ele é quando não está com raiva são duas coisas muito diferentes"

Conversei com uma mulher chamada Izzy,* que conheci nas redes sociais. Ela respondeu a um post no qual pedi para conversar com pessoas que se consideravam raivosas ou que conviviam com uma pessoa com raiva. Minha breve conversa com Izzy revelou que ela tem uma profunda compreensão das próprias motivações e das motivações das pessoas ao redor. Ela é formada em psicologia, o que claramente embasa grande parte de seu conhecimento, mas me pareceu que, além dessa educação formal, ela também é uma pessoa naturalmente introspectiva, com uma inteligência emocional que reflete muito sobre as razões que levam as pessoas, incluindo ela mesma, a sentir o que sentem e fazer o que fazem.

Izzy cresceu com um pai raivoso. Segundo ela, o pai "tem um problema, talvez crônico, de raiva". No entanto, antes de entrarmos nessa história, vamos falar sobre como ele era quando não estava com raiva. O pai de Izzy é um exemplo perfeito de um abismo entre a pessoa que ele era na maior parte do tempo e a pessoa que ele era quando estava com raiva. "Quando não está com raiva, ele, em geral, é um cara bem legal", explicou Izzy. "Ele é carismático e adora conversar. E é uma pessoa muito amorosa."

---

* Nome fictício. Pedi a todas as pessoas com quem conversei que usassem pseudônimos nas entrevistas. Na maioria das vezes, as próprias pessoas escolheram o nome. Algumas vezes, me pediam para escolher, o que, confesso, não foi tarefa fácil. Comecei a pensar: "E se eu escolher um nome que a pessoa odeia?" ou "E se eu escolher um nome que faça a pessoa se lembrar de uma experiência ruim e seja um gatilho para ela?".

Por outro lado, "Quando fica com raiva, ele perde totalmente o controle emocional. Ataca verbalmente as pessoas. Diz coisas que não dá para acreditar que estão saindo da boca da pessoa que ele é quando não está com raiva!". Ele era capaz de dizer coisas que machucavam muito. Na verdade, de acordo com Izzy, "ele sabe exatamente o que dizer para machucar mais", e usa isso contra as pessoas. Por exemplo, em uma ocasião na qual ela discordou dele, ele ficou furioso e a atacou dizendo: "Você não é nada fácil. Sinto pena do cara que se casar com você!".

Na infância e na adolescência, ela achava que era a causa da raiva dele porque ele explodia quando ela fazia algo que lhe desagradava. Agora ela sabe que "a raiva dele vem de sua incapacidade de controlar sentimentos que o dominam". Ela acredita que ele fica ansioso, estressado e frustrado com facilidade e que tem dificuldade para regular suas emoções nessas situações. "Se acha que as coisas estão fora de controle, ele explode."

Em geral, ele direciona sua raiva a pessoas que conhece bem, como os amigos, não a colegas de trabalho ou desconhecidos. Mas ela disse que ele também é um pouco propenso à agressividade no trânsito. No entanto, "é mais fácil ele ficar com raiva de alguém da família do que de um desconhecido". Ela acha que isso acontece porque ele se sente à vontade com a família e porque é mais seguro para ele expressar esses sentimentos no contexto familiar. Essa explicação faz sentido, considerando a exceção da agressividade no trânsito. Contanto que você mantenha sua raiva no carro e não a expresse aos outros motoristas, o interior do carro é um lugar relativamente seguro para se enfurecer.

Tudo indica que a raiva dele vinha de um lugar de insegurança. Um exemplo disso é a impossibilidade de fazê-lo mudar de ideia durante um incidente de raiva. Passada a crise, jogava-se o incidente para baixo do tapete e nunca se falava sobre a situação que levara à raiva. Ela disse: "Acho que ele se sentia mal. Ele podia não admitir que estava errado, mas sabia que a reação era desproporcional!". Ele nunca dizia que estava arrependido nem pedia desculpas. Na verdade, ela disse que dava para contar nos dedos as vezes em que o ouviu pedindo desculpas. Ele fingia que nada havia acontecido e saía para comprar alguma coisa para ela como um pedido de desculpas (algo como um presente ou outro item que ela havia dito que queria). Ela via isso como uma estratégia para evitar o conflito.

Uma das coisas que ela me disse, que achei muito interessante e que demonstra o papel da insegurança na raiva do pai dela, é que ele fazia muitas suposições sobre o que ela achava dele quando havia um conflito. Ela contou que ele dizia coisas como "Você acha que sou um monstro!" ou "Você está achando que sou burro!". Ela não achava isso, mas ele tirava essas conclusões de uma forma que exacerbava sua insegurança e o mantinha na defensiva.

Izzy falou muito sobre como tudo isso a afetou. Ela descreveu como os padrões que vivenciou com o pai se refletiram em relacionamentos posteriores. "Quando ele fica com raiva, nada o faz mudar de ideia", disse ela. "Se eu discordava dele, se eu não queria fazer alguma coisa ou se eu tentava explicar que ele estava me magoando, era como se eu estivesse falando sozinha…". Até que ela parou de tentar dialogar com ele. No entanto, quando cresceu, percebeu que, quando alguém fazia algo de que ela não gostava, ela ficava furiosa porque presumia que não havia nada que pudesse fazer. Basicamente, a raiva do pai a ensinou a sentir-se impotente nos relacionamentos.

Izzy também identificou outras consequências, especialmente ligadas à dinâmica dos relacionamentos. Ela falou sobre as dificuldades com a vulnerabilidade emocional, porque aprendeu com ele que as emoções eram uma forma de manipulação. Quando ela chorava, ele a acusava de manipulação para tentar colocá-la no papel de vilã da história. Hoje, ela acredita que era mais fácil para ele encontrar uma maneira de culpá-la do que encarar a vergonha que podia estar sentindo. Ao mesmo tempo, ela fica ansiosa quando chora porque teme que as pessoas pensem que ela está mentindo ou tentando manipulá-las, colocando-se no papel de vítima. Além disso, ele usava a raiva para controlar as pessoas, e ela não quer fazer a mesma coisa. Ela sente que, às vezes, acaba administrando as emoções dos outros de maneiras que lhe parecem um pouco "maternais". No fim, muito disso tem raízes no fato de ela considerar a raiva intensa especialmente assustadora. "Ainda não tenho uma relação saudável com a raiva", ela me disse.

Izzy me contou que o pai dela amoleceu um pouco com a idade. É difícil dizer se isso realmente se deve à idade ou se é mais específico do relacionamento deles. À medida que as pessoas envelhecem, tendem a relaxar um pouco, pois passam a priorizar as emoções positivas. Quando Izzy saiu de casa, o relacionamento deles mudou bastante. Como eles passaram a se ver menos, o papel da raiva no relacionamento deles também mudou. No entanto, ela também acha que, com o passar dos anos, ele ficou "mais ponderado" em relação à sua raiva, e isso mudou a maneira como ele a expressa.

A raiva como uma emoção

O pai de Izzy é um bom exemplo de como a raiva pode ter duas naturezas. Em geral, ele era um homem doce e amoroso; porém, quando ficava com raiva, "perdia o controle emocional", como ela descreveu. Como acontece com muitas pessoas quando estão com raiva, ele atacava. Como vimos, a experiência da raiva está associada a um conjunto específico de pensamentos, experiências fisiológicas e comportamentos. Quando ficamos com raiva, por exemplo, nossos pensamentos podem se voltar em forma de culpa, julgamento e vingança. "Quem ele pensa que é?", "Ele não devia ter feito isso!" ou até "Isso não vai ficar assim!" são coisas que podemos pensar quando ficamos com raiva.

Também podemos atacar verbal ou fisicamente quando ficamos com raiva. Os pensamentos de vingança podem levar a ações vingativas. Como acontecia com o pai de Izzy, as pessoas podem gritar ou dizer coisas para magoar as outras. Podem empurrar, agredir ou encontrar outras maneiras de ofender a pessoa que sentem que as prejudicou. Mesmo quando não são agressivas, podem ter um comportamento agressivo. Os psicólogos denominam esse comportamento como *tendência de ação* – quando *queremos* realizar um determinado comportamento como parte de nossa resposta emocional –, mas, como somos humanos e temos a capacidade de controlar nossos impulsos, podemos nos conter e redirecionar nossa raiva.

Por fim, a raiva provoca um conjunto específico de respostas fisiológicas. Quando ficamos com raiva, nossa reação de lutar ou fugir é acionada, nos preparando para reagir à injustiça ou superar os bloqueios aos nossos objetivos. A frequência cardíaca aumenta, a respiração se intensifica, os músculos ficam tensos e o sistema digestivo desacelera. Esse fascinante e complexo conjunto de respostas tem raízes na nossa história evolutiva. Essas reações ajudaram nossos ancestrais, humanos e não humanos, a sobreviver. A raiva deles lhes permitiu reagir com mais energia e aumentou suas chances de sobreviver a altercações hostis.

Imagino que seja fácil lembrar uma situação recente que deixou você com raiva. Pode ter sido uma pequena chateação no supermercado, talvez um problema no caixa que atrasou um pouco seu dia. Ou pode ter sido uma grande injustiça que despertou sentimentos de desrespeito e impotência. De todo modo, a raiva que você sentiu não apenas foi normal como provavelmente também foi saudável. A raiva que sentimos quando somos maltratados ou impedidos de atingir nossos objetivos nos alerta para injustiças e nos energiza para reagir a elas.

DICA

Uma forma de identificar se a raiva é saudável é prestar atenção nas consequências. Sua raiva está prejudicando seus relacionamentos, causando discussões, brigas ou outros resultados negativos?

Contudo, vale observar que, embora nossa raiva possa ser saudável, ela ainda pode nos causar muitas dificuldades. Pode criar um grande problema em nossas vidas se não soubermos administrá-la, se ficarmos com raiva com muita frequência ou até se ficarmos com raiva pelos motivos errados ou nos momentos errados. É importante aprender a lidar com a nossa raiva se quisermos ser pessoas emocionalmente saudáveis.

Também é importante observar que algumas pessoas ficam com raiva com mais frequência que outras, expressam sua raiva de maneira mais agressiva e hostil e sofrem consequências negativas da raiva com mais facilidade. Essas pessoas podem ser descritas como portadoras de uma personalidade raivosa.

UMA CURIOSIDADE SOBRE A RAIVA

Quase um terço das pessoas pesquisadas afirmaram terem problemas por causa da raiva.[9]

O que é um traço de personalidade?

Quando os psicólogos falam sobre essa dinâmica – quando uma emoção é, ao mesmo tempo, um sentimento e uma característica da personalidade –, nos referimos a ela como a teoria do traço-estado. A raiva como emoção é um *estado*. A raiva como característica da personalidade é um *traço*. Um traço de personalidade pode ser definido como uma forma relativamente consistente de se comportar, pensar e sentir. Se você descreve uma pessoa como amigável, provavelmente quer dizer que ela trata as pessoas com gentileza e é agradável *na maior parte do tempo*. Quando diz que uma pessoa é arrogante, provavelmente quer dizer que ela *com frequência* exibe um senso exagerado de sua própria importância. Nesses dois casos, contudo, as pessoas em questão também podem comportar-se de maneiras diferentes – uma pessoa gentil, às vezes, pode ser cruel e uma pessoa arrogante pode mostrar vulnerabilidade. Ter um traço de personalidade não significa que você *é assim o tempo todo*. Só quer dizer que você *é assim na maior parte do tempo*.

A teoria dos traços de personalidade tem origens no trabalho do doutor Gordon Allport, um dos primeiros psicólogos a estudar e teorizar a personalidade. Em uma de suas primeiras publicações,[10] escrita em coautoria com o irmão dele,* foram descritos alguns dos principais traços que compõem a personalidade, incluindo inteligência, temperamento (que engloba as emoções), autoexpressão e sociabilidade. Alguns anos depois, em 1936, Allport e Henry Odbert[11] deram uma explicação mais detalhada da personalidade, definindo os traços como "tendências determinantes generalizadas e personalizadas"** e usando exemplos como agressivo, introvertido e sociável. Para ilustrar a diferença entre um traço e um estado, eles afirmaram: "Todas as pessoas ficam ansiosas de vez em quando... Mas *alguns* indivíduos sofrem de 'neurose de ansiedade' (...) Esses indivíduos são recorrente e caracteristicamente ansiosos".

Se você substituir a palavra "ansiedade" por "raiva" nessa explicação, terá basicamente uma descrição do que estou falando aqui. Todas as pessoas ficam com raiva de vez em quando, mas algumas sofrem com uma raiva mais frequente, intensa e disfuncional. Essas pessoas são *recorrente e caracteristicamente* raivosas.

Foi só em 1961,[12] contudo, que Allport escreveu o que é considerado por muitos sua obra mais importante sobre os traços de persona-

---

* Eu gostaria de apontar que Floyd, o irmão mais velho, é o primeiro autor desse artigo, o que sugere que ele fez a maior parte do trabalho. Enquanto o lado racional do meu cérebro acredita que isso seja verdade – que Floyd Allport realmente escreveu a maior parte do artigo –, o caçula em mim gosta de pensar que Gordon fez todo o trabalho e Floyd só o ameaçou com um cascudo ou enfiou meias em sua boca até que Gordon concordou em deixá-lo entrar como o autor principal.

** Caramba, mas que definição enrolada! Eu não conseguiria criar um jargão desses nem se tentasse.

lidade, *Padrão e crescimento da personalidade.** Tecnicamente, é uma revisão do livro de 1937 de mesmo título, mas uma revisão significativa (o que faz sentido, dado o tempo que se passou e todas as novas informações no campo da psicologia). É nesse livro que ele explica que há três tipos diferentes de traços, afirmando que "cada personalidade inclui disposições de maior importância e disposições de menor importância" (p. 365). Ele divide essas disposições de maior e menor importância em três classificações: cardeais, centrais e secundárias.

Os traços cardeais são as características essenciais da personalidade de *algumas* pessoas. São traços dominantes que, basicamente, definem quem a pessoa é e o que ela faz no dia a dia. Nas palavras de Allport, "quase todo ato parece ser rastreável à sua influência". Por exemplo, para algumas pessoas, um traço cardeal pode ser a ganância. O comportamento, os pensamentos e sentimentos dessas pessoas podem ser motivados, em grande parte ou até apenas, pelo objetivo de ganhar dinheiro ou acumular posses. Para outras, um traço cardeal pode ser a honestidade. São pessoas motivadas, em grande parte, pela necessidade de ser honestas. Agora imagine essas duas pessoas (uma com um traço cardeal de ganância e a outra com um traço cardeal de honestidade) na mesma situação, na qual poderiam ganhar muito dinheiro, mas teriam de mentir para isso. É fácil saber o que cada uma delas faria com base nesses traços cardeais.

Nem todos nós temos traços cardeais. Tanto que Allport os descreveu como incomuns. O que todos temos são traços centrais. Allport os descreveu como "aqueles que mencionamos sobre uma pessoa ao escrever uma carta de recomendação".** Os traços centrais são nossos traços primários de personalidade. São qualidades que influenciam

---

*   O livro é dedicado "aos meus alunos", o que considero um lembrete particularmente simpático de que esses extraordinários acadêmicos do passado foram mais que pesquisadores e autores. Eles também foram professores e mentores.

** Isso também é um lembrete de que ele foi um professor dedicado e que escrever cartas de recomendação é sempre algo que os acadêmicos precisam/têm a chance de fazer.

regularmente nosso comportamento e nossos pensamentos (como inteligência, gentileza, retidão, introversão). São traços relativamente estáveis e essenciais para definir a maneira como as pessoas nos veem e descrevem nossa personalidade. Ao arranjar um encontro entre dois amigos solteiros, você pode dizer: "Você vai gostar dele. Ele é muito…". A característica que você usar para concluir essa frase – engraçado, gentil, inteligente, charmoso – é provavelmente um exemplo de um traço central. Então, quando Izzy descreveu o pai como uma pessoa com raiva, ela estava dizendo que um dos traços centrais dele era a raiva. Isso não quer dizer que ele é *sempre* assim. Só quer dizer que ele é assim *com frequência*.

Por fim, os traços secundários são aqueles que tendem a surgir apenas em determinados tipos de situações. Allport os descreveu como "menos visíveis, menos generalizados, menos consistentes e menos frequentemente acionados". Por exemplo, eu tendo a ser um motorista relativamente calmo e não costumo me enfurecer ao volante. Dito isso, há uma circunstância específica que me irrita muito. É quando o combustível está acabando. Posso dizer exatamente o que acontece nessas situações. Fico preocupado com a ideia de ficar sem combustível e transformo em uma catástrofe cada pequena parada no trânsito. O sinal vermelho, a pessoa dirigindo devagar na minha frente, o trânsito pesado... todas essas coisas se transformam em razões pelas quais vou ficar sem combustível, ficar parado no acostamento e ter meu dia arruinado.[*] Esse é um exemplo de um traço secundário. É uma característica de personalidade que prevê meus sentimentos e meu comportamento, mas só surge em uma situação muito específica.

---

[*] Certa vez, contei essa história em uma palestra gratuita que ministrei na cidade de Green Bay, no Wisconsin. Uma semana depois, recebi uma carta de agradecimento pela palestra que incluía… um vale-presente para comprar gasolina! Posso dizer que foi uma das demonstrações de agradecimento mais atenciosas que já recebi.

> **DICA**
>
> Se você perceber que a raiva, sua ou de outra pessoa, surge em situações específicas, tente administrar essas situações. Prepare-se para elas, modifique-las ou até as evite.

Esse último tipo de traço é complicado porque reflete um ponto fundamental sobre a personalidade. Como é possível ser estável e, ao mesmo tempo, surgir em circunstâncias específicas? Afinal, isso não prova que, na verdade, não é o traço que influencia nosso comportamento, mas sim a situação na qual estamos? Se só ficamos com raiva em circunstâncias específicas, é difícil argumentar que é a nossa personalidade que provoca a raiva. Devem ser essas circunstâncias específicas que levam à raiva.

A "controvérsia da pessoa *versus* a situação"

No fim dos anos 1960 e 1970, enquanto um grupo de psicólogos – os teóricos da personalidade – tentava articular esses elementos constitutivos da personalidade, outro grupo de psicólogos, liderado pelo doutor Walter Mischel, argumentava que a personalidade não existe. À primeira vista, essa alegação pode parecer absurda. Como a personalidade pode não existir? Não vemos provas da personalidade o tempo todo nas nossas interações com as pessoas?

A posição de Mischel, porém, é simples e direta e, sinceramente, difícil de contestar. Em seu livro de 1968, *Personality and assessment* ("Personalidade e avaliação", em tradução livre), Mischel argumentou que as pesquisas mostram uma correlação muito baixa entre traços de personalidade e comportamento. Mais especificamente, ele observou que as pessoas em geral não se comportam de forma consistente em todas as situações. O comportamento de uma pessoa em uma festa é diferente do comportamento dela no trabalho ou no cinema, por exemplo. Se o comportamento de uma pessoa muda tanto de uma situação para outra, não é a personalidade que influencia o comportamento; é a situação.

Este livro que você tem em mãos seria muito curto se eu achasse que a personalidade não existe; então, vamos dar uma olhada no modo como os psicólogos que estudam a personalidade reagiram em relação à teoria de que o nosso ambiente é mais importante que a nossa personalidade. Em 1987, o doutor David Buss escreveu um artigo intitulado *Selection, evocation, and manipulation* ("Seleção, evocação e manipulação", em tradução livre),[13] no qual delineou como as influências da personalidade e as influências ambientais sobre o comportamento podem coexistir. Ele listou três "mecanismos-chave por meio dos quais a personalidade e os processos sociais estão intrinsecamente ligados". Você já deve imaginar quais são esses três mecanismos com base no título do artigo, mas, só para reforçar, eles são: seleção, evocação e manipulação. Vejamos como cada um deles funciona.

Seleção

Selecionamos muitas das situações às quais nos expomos; essa seleção se baseia, em parte, na nossa personalidade. Podemos pensar na seleção da situação em termos de pequenas escolhas (ir ao churrasco no sábado, assistir ao noticiário hoje à noite) ou em termos de decisões mais importantes (aceitar esse emprego, me mudar para aquela cidade). Uma pessoa introvertida tem menos chances de ir ao churrasco ou aceitar um emprego em planejamento de eventos, basicamente excluindo (ou *não selecionando*) essas situações. Uma pessoa meticulosa pode optar por passar o sábado pagando as contas e não socializando ou pode escolher um trabalho que exija tarefas mais detalhistas (como revisar um texto).

Como a raiva pode afetar a seleção da situação? Uma pessoa com raiva pode, intencionalmente ou não, selecionar situações que levam à raiva. Pode escolher assistir a um noticiário político, envolver-se em discussões nas redes sociais ou até ver programas esportivos que tendem a conduzir à raiva. É improvável que, na maioria desses casos, a pessoa esteja selecionando essas atividades porque *deseja* sentir raiva. Ela provavelmente faz isso porque gosta da atividade ou acredita que se engajar na atividade é importante para ela. No entanto, não importa qual seja a intenção, selecionar consistentemente atividades que ocasionam raiva é um sinal de uma personalidade raivosa.

Manipulação

Além de selecionar as situações nas quais nos engajamos, também as manipulamos. Tomamos decisões intencionais sobre as maneiras como nos engajamos nessas situações e como interagimos com as pessoas envolvidas. Por exemplo, quando um estudante se matricula em um curso na faculdade, ele está selecionando a situação. Está decidindo se expor a um tipo específico de situação. Entretanto, ele também tomará uma série de decisões sobre *como* participará do curso. Ele decide em que lugar da sala vai se sentar e como fará anotações. Pode se apresentar ao professor no primeiro dia, almejando causar uma boa primeira impressão e manipular* a percepção do professor a respeito dele ao longo do curso. Pode até convencer um amigo a fazer o curso com ele, mudando a situação da sua experiência. A experiência passa a ser diferente do que era a princípio, ou do que poderia ter sido, porque ele a modificou.

Para uma pessoa com raiva, essa manipulação pode se revelar de várias maneiras. A raiva pode levá-la a manipular as situações a fim de prejudicar ou controlar os outros. Ela pode esperar um resultado tão ruim da situação a ponto de desejar controlar as pessoas antes de

---

* A palavra "manipulação" tem conotações negativas que nem sempre se justificam. Quando dizemos que alguém é "manipulador", essa descrição costuma ser negativa. Contudo, não há nada de inerentemente errado em tentar mudar o mundo ao nosso redor. Na verdade, eu diria que todo comportamento humano é manipulador. Tudo que fazemos é pensado para influenciar o mundo ao nosso redor. A pergunta mais importante é: "Estamos manipulando as pessoas de uma forma que é ruim ou prejudicial para elas?".

alguma catástrofe acontecer. Um colega raivoso pode mandar e-mails agressivos antes de uma reunião na tentativa de impedir que as pessoas façam algo que ele não quer que elas façam (ou até algo que elas nem pensavam em fazer). Ou pode usar sua raiva para manipular as pessoas, como o pai de Izzy fazia. Quando ele sentia que não tinha controle de uma situação, usava a raiva para manter as pessoas na linha. As pessoas com raiva manipulam os outros, intencionalmente ou não, coagindo-os para que se comportem como elas querem.

Evocação

O último mecanismo, a evocação, é um pouco mais complexo. Os seres humanos, quase sempre sem intenção, evocam reações das pessoas por meio de suas interações com elas. A forma como abordamos as situações e as pessoas pode encorajá-las a reagir de maneiras específicas. Por exemplo, uma pessoa extrovertida e simpática pode abordar as interações com desconhecidos com uma atitude aberta e amigável. Em consequência, as pessoas com quem ela interage tendem a refletir esse estilo e responder de modo igualmente positivo. Ao ser amigável, a pessoa evoca uma atitude amigável nos outros.

Por outro lado, uma pessoa com raiva pode, sem perceber, suscitar hostilidade nas outras pessoas. Pode até evocar provocações. Por exemplo, uma pessoa com raiva pode entrar em uma situação (um encontro familiar, uma ida ao correio) esperando uma experiência frustrante. Essa antecipação da frustração pode levá-la a abordar a situação com impaciência, num tom desrespeitoso ou apenas com certa brusquidão. Essa impaciência pode evocar o mesmo tipo de grosseria e rispidez em resposta, de modo que a pessoa está basicamente gerando o tipo de provocação que esperava. A situação toda acaba se tornando uma profecia autorrealizável.

Que tipo de traço de personalidade é a raiva?

Se a raiva é um traço de personalidade, que tipo de traço é? É difícil imaginar que alguém tenha a raiva como um traço cardeal. Devemos lembrar que nem todo mundo tem um traço cardeal. Na verdade, de acordo com Allport, isso é bem raro. Os traços cardeais são as características de personalidade que influenciam praticamente todos os comportamentos que uma pessoa adota ou pensa ter. É improvável que alguém seja tão raivoso a ponto de sua raiva ser *a* parte central de sua personalidade, afetando quase tudo que faz.

As pessoas com quem conversei a respeito, em sua maioria, são como Izzy: afirmam que as pessoas com raiva com as quais convivem não são raivosas *o tempo todo*, mas ficam com raiva *rapidamente* quando provocadas. Em vista disso, é possível afirmar que a raiva é mais um traço central ou secundário. Nesse caso, a raiva é uma parte importante de quem a pessoa é, influenciando muito do que ela faz e pensa. A raiva não é a única parte da personalidade da pessoa, mas é um elemento importante de quem ela é. Em outras palavras, considerando que, muitas vezes, pensamos em gentileza, assertividade ou afabilidade como traços de personalidade – centrais ou secundários –, o que nos impede de pensar na raiva da mesma forma?

Evidências concretas nos levam a considerar a emocionalidade como um traço de personalidade, evidências estas que podem ser encontradas no que os psicólogos chamam de os Cinco Grandes Traços de Personalidade. Uma história completa dos chamados Cinco Grandes está muito além do escopo deste livro,[*] mas a versão abreviada é que, com base no artigo de 1936 de Allport e Odbert, muitos estudiosos começaram a trabalhar na identificação dos traços primários de personalidade usando diversos métodos estatísticos. Raymond Cattell

---

* Alguns estudiosos afirmam que a história desses traços remonta a Hipócrates, mas as raízes mais modernas dos Cinco Grandes podem ser encontradas naquele artigo de 1936 de Allport e Odbert. Deixo para você decidir: 90 anos atrás ou 2.400 anos atrás.

identificou dezesseis traços em 1949,[14] quando desenvolveu o Questionário dos Dezesseis Fatores de Personalidade (o 16PF), mas outros acadêmicos sugeriram a existência de apenas cinco traços primários. O mais notável foi o trabalho dos doutores Paul Costa e Robert McCrae, que desenvolveram o Inventário de Personalidade NEO (sigla em inglês para neuroticismo, extroversão e abertura)* em 1985.[15]

Essa análise revelou cinco traços de personalidade: abertura, conscienciosidade, extroversão, amabilidade e neuroticismo. Este último traço, o neuroticismo, na verdade, é uma combinação de qualidades relacionadas a emoções. As pessoas neuróticas tendem a ser emotivas, temperamentais e ansiosas. São rápidas em sentir coisas, incluindo medo, culpa, tristeza e raiva. Assim, segundo Costa e McCrae, a emocionalidade não é apenas um traço de personalidade, mas um dos cinco traços de personalidade mais relevantes.

A personalidade raivosa

Em 1996, o doutor Jerry Deffenbacher, junto a outros sete pesquisadores da Colorado State University, escreveu um importante artigo[16] sobre a personalidade raivosa. Embora oito seja um número alto de autores para um estudo de pesquisa, esse artigo em particular foi escrito ao longo de oito anos, testou cinco hipóteses diferentes relacionadas à personalidade raivosa e incluiu oito projetos de pesquisa diferentes. Trata-se de uma grande série de projetos que permanece sendo um trabalho seminal na compreensão da raiva como um traço de personalidade.

Para resumir, os pesquisadores começaram com cinco hipóteses para estabelecer que a raiva realmente pode ser considerada um traço

---

* Curiosamente, eles começaram identificando três traços de personalidade – neuroticismo, extroversão e abertura (NEO) – e publicaram a primeira versão da escala (PI, sigla em inglês para Inventário de Personalidade) com base nisso em 1976. É por isso que a escala é chamada de NEO-PI.

de personalidade. Para testar suas hipóteses, eles conduziram oito projetos de pesquisa distintos usando vários questionários para mensurar diferentes aspectos da raiva. Em um dos oito estudos, por exemplo, eles analisaram pessoas que alcançaram pontuações excepcionalmente altas ou baixas em um teste criado para avaliar a raiva como um traço de personalidade. Esses participantes foram solicitados a realizar uma série de atividades curtas (responder a questionários adicionais, fornecer dados de pressão arterial e frequência cardíaca, ouvir a descrição de uma situação irritante). Os participantes que atingiram pontuações altas no teste também foram os mais propensos a ficar com raiva em resposta à provocação, mais suscetíveis a sentir raiva no dia a dia e tiveram sintomas fisiológicos mais intensos (como aumento da frequência cardíaca e da pressão arterial).

Mais adiante, nesse mesmo artigo, os pesquisadores concluíram que as pessoas com pontuação alta na escala sofriam consequências negativas mais graves relacionadas à raiva. Essas pessoas tinham mais propensões a magoar ou ferir alguém como resultado de sua raiva, quebrar coisas ou usar drogas ou álcool quando sentiam raiva. Os pesquisadores também pediram a esses participantes raivosos que descrevessem seus dois piores incidentes de raiva no ano anterior; eles codificaram as respostas e descobriram que os participantes que tiveram uma pontuação alta no teste de personalidade raivosa sofreram as consequências mais graves.

O que torna esse artigo tão relevante para o estudo da raiva e para a premissa deste livro é que ele estabelece um fato importantíssimo: que podemos considerar a raiva tanto um traço de personalidade quanto uma emoção. Como descrito por Deffenbacher e seus colegas, "a raiva como um traço de personalidade é uma diferença individual fundamental na propensão a ficar com raiva". As pessoas com esse traço de personalidade são mais propensas a ficar com raiva, sentir raiva com mais intensidade, expressar sua raiva de maneiras mais inadequadas e sofrer mais consequências negativas.

Nem todas as pessoas com raiva são iguais

Ao pensar na raiva como um traço de personalidade, é importante ter consciência de que ela nem sempre se revela como esperamos. Ao pensar em pessoas com raiva, a maioria das pessoas imagina alguém como o pai de Izzy. Alguém que grita com os outros ou diz coisas para magoar, que controla as pessoas e as trata mal. Alguém difícil de conviver, porque nem sempre é possível prever o gatilho que vai ocasionar uma crise de raiva. Até as descrições usadas por Deffenbacher e seus coautores parecem refletir uma visão um tanto quanto restrita da personalidade raivosa.

A raiva, contudo, pode ser expressa de maneiras diferentes. Enquanto algumas pessoas gritam e esperneiam, outras ficam amuadas ou se fecham. Outras, ainda, expressam sua raiva de maneira mais passiva-agressiva, espalhando boatos ou deixando de propósito de cumprir algum acordo. A raiva também pode ser expressa de várias formas positivas, mas, como este livro trata de formas mais nocivas, vamos nos concentrar nessas expressões negativas.

EXERCÍCIO: ENTENDENDO A PESSOA COM RAIVA QUE FAZ PARTE DA SUA VIDA

Imagino que você esteja lendo este livro por um destes dois motivos: (1) a natureza do seu trabalho exige que você interaja com pessoas com raiva com certa frequência ou (2) você tem uma pessoa com raiva em sua vida com quem gostaria de aprender a conviver melhor. No segundo caso, proponho tirar um tempo para pensar sobre como é a personalidade raivosa dessa pessoa. Responda às seguintes perguntas sobre ela:

1. Você acha que a raiva da pessoa se encaixa em qual tipo de traço de personalidade: cardeal, central ou secundário?
2. Você reconhece situações nas quais ela pode, intencionalmente ou não, selecionar, manipular ou evocar provocações?

3. Como a pessoa tende a expressar a raiva e quais são algumas consequências desse estilo de expressão?

Por que a pessoa tem raiva?

Não importa se a pessoa com raiva com quem você tem de lidar é agressiva, tóxica ou só um pouco irritante; você vai precisar de ferramentas para conviver melhor com ela. Uma dessas ferramentas é entender *por que* ela é uma pessoa com raiva. Não estou me referindo às circunstâncias específicas que levaram a uma explosão de raiva (embora isso também seja importante). Refiro-me aos fatores mais amplos que envolvem a criação, a cultura, a genética e a visão de mundo da pessoa e que a levam a ser uma pessoa com raiva. Ela simplesmente nasceu assim? Ou a raiva é o resultado de uma vida difícil?

No próximo capítulo, falaremos sobre a biologia da raiva. Quais são os fatores com os quais nascemos e quais são as coisas que vamos aprendendo pelo caminho?

CAPÍTULO 2

A biologia da raiva

"Conforme indicado por brigas ou agressões físicas frequentes"

Todo semestre, no meu curso de psicopatologia, passamos cerca de duas semanas estudando transtornos de personalidade. Esses transtornos são definidos no *Manual Diagnóstico e Estatístico de Transtornos Mentais* (DSM-5-TR)[17]* como "um padrão persistente de experiência interna e comportamento que se desvia acentuadamente das expectativas da cultura do indivíduo". Basicamente, a implicação é que há algo de errado com a personalidade da pessoa a ponto de causar problemas emocionais, comportamentais e sociais. Identificamos esse padrão no modo como as pessoas pensam, sentem e interagem com os outros. Alguns exemplos de transtornos de personalidade incluem transtorno de personalidade narcisista, transtorno de personalidade paranoide e transtorno de personalidade antissocial.

---

*   O DSM, publicado pela American Psychiatric Association (Associação Americana de Psiquiatria), é um livro de mais de mil páginas que descreve todos os transtornos diagnosticáveis de saúde mental. Inclui de tudo, como transtorno depressivo maior, episódios recorrentes e características psicóticas; anorexia nervosa do tipo compulsão alimentar purgativa; e transtornos de despertar do sono não REM com alimentação relacionada ao sono.

Este último, o transtorno de personalidade antissocial, tende a se destacar aos olhos dos alunos como sendo especialmente interessante. Pessoas com transtorno de personalidade antissocial têm o hábito de desrespeitar e violar os direitos dos outros. Elas ferem os outros no âmbito verbal e físico. Mentem e exploram para obter ganhos financeiros. Vivem entrando em confrontos físicos e não costumam demonstrar remorso por seus atos. Os alunos se interessam por esse distúrbio porque ele remete a coisas como assassinos seriais e outros exemplos de criminosos violentos que eles veem na televisão.[*] Eu também acho esses casos fascinantes, mas o que mais me intriga nesse distúrbio é o fato de ele ser um dos poucos casos no DSM em que a raiva (ou um sinônimo da raiva) é listada como sintoma de um distúrbio.[**] No caso, a raiva é descrita como "irritabilidade e agressividade, conforme demonstrado por frequentes lutas corporais ou agressões físicas".

O que os alunos inevitavelmente querem falar sobre esse ou qualquer outro transtorno de personalidade (incluindo o transtorno de personalidade *borderline*, que é outro caso do DSM que inclui a raiva como sintoma) envolve suas causas. Eles querem saber se uma pessoa nasce antissocial ou se o transtorno é fruto da criação e do ambiente. É uma excelente pergunta com uma resposta complexa. Esses distúrbios, como muitos outros, são generalizados e abrangentes. O que os alunos querem saber é, basicamente, "O que causa a nossa personalidade?", e não há uma resposta única para essa pergunta.

---

[*] O que muitos deles ainda não perceberam é que a violência não é a única forma de magoar ou ferir as pessoas. São incontáveis as maneiras de se aproveitar das pessoas que não incluem apenas a agressão. Um político, um diretor executivo ou um policial que usa sua posição de poder e autoridade para tirar vantagem das pessoas pode muito bem ter transtorno de personalidade antissocial.

[**] Há uma explicação longa e complexa para justificar por que a raiva em si não é classificada como um distúrbio no DSM. Essa explicação inclui as origens do DSM no pensamento psicodinâmico, as percepções da raiva como controlável em comparação com outras emoções e o temor de que isso seja usado como alegação de insanidade em processos penais. Não importa quais sejam as razões, uma das consequências é que as pessoas com raiva não recebem o tratamento do qual precisam.

ESTUDO DE CASO: NATHAN
"Não quero ser um tirano"

Quando eu era psicólogo clínico, Nathan* me procurou para aprender a lidar com seus problemas com a raiva. O padrão dele era bastante previsível. Em geral, não era um cara raivoso. Na verdade, era um sujeito relativamente calmo. Na época, fazia faculdade, tirava boas notas, tinha muitos amigos que pareciam gostar dele e se davam bem com ele, e sempre foi muito afável em nossas sessões de terapia. Nunca o vi com raiva em nossas interações.

O padrão previsível, contudo, era que ele saía nos fins de semana com a namorada, ficava com raiva de alguma coisa que ela fazia e brigava com ela. Ele nunca foi abusivo com ela no aspecto físico, mas era inegavelmente abusivo no âmbito verbal e emocional. Ele admitia que fazia isso contando-me que gritava com ela, que dizia coisas cruéis e que berrava com os amigos dela quando eles tentavam intervir. Às vezes, o álcool era um catalisador, mas nem sempre.

Eu nunca o vi com raiva, mas, muitas vezes, o vi triste e assustado. Essa era a outra parte previsível do padrão. Ele era acometido por uma imensa culpa, por tristeza e vergonha após esses incidentes. Esse jovem, que era um vilão para a namorada e os amigos dela, se desfazia em lágrimas no meu consultório, chorando pelo que tinha feito e dito.** Ele me dizia que odiava esse lado dele e que simplesmente não conseguia se conter no momento da explosão da raiva. Um dia, entre soluços e lágrimas, ele disse: "Não quero ser assim. Não quero ser um tirano. Não quero que as pessoas tenham medo de mim!".

Nathan havia crescido com um tirano. O pai dele era um homem raivoso, mas de uma forma muito diferente de Nathan. A raiva de

---

*   Nome fictício.

**   A propósito, tenho plena consciência de que esse é um padrão comum em relacionamentos abusivos e não estou tentando minimizar ou justificar a dor e o sofrimento que ele, sem dúvida, causou à namorada. Só estou apresentando um quadro completo.

Nathan era, em grande parte, situacional. Para usar a terminologia de Allport, era um *traço secundário*. Ele se enfurecia em circunstâncias específicas que pareciam ter raízes no ciúme e no desejo de controlar a namorada. Ele tinha medo de perdê-la, e esse medo se revelava de uma forma terrível. O pai de Nathan, por sua vez, queria controlar tudo e todos. Não demorava a explodir não apenas com Nathan como também com qualquer pessoa com quem interagia. No caso do pai de Nathan, a raiva era um *traço central*.

Sua raiva era descontroladamente imprevisível, mas seguia o padrão de ser frequente e intensa. Nathan nunca sabia quando ou por que seu pai ficaria com raiva. Ele se deparava com uma situação da qual não gostava e se enfurecia. Também tendia a expressar a raiva de maneiras assustadoras para Nathan. Gritava e xingava. Às vezes, com Nathan, com seus irmãos ou com sua mãe, mas muitas vezes com meros desconhecidos.

Nathan me contou que passou a vida inteira com medo do pai. Sempre que estavam juntos, ele tinha medo de seu pai ter um acesso de fúria – com ele ou com qualquer outra pessoa. Ele me disse que era sempre assustador. Ele odiava ver o pai gritando, mesmo quando não era com ele. Passou a vida pisando em ovos,[*] com medo de fazer algo que provocasse a fúria do pai.

Pior ainda, ele tinha medo de que alguém fizesse algo que deixasse o pai com raiva. Era um medo estranho, porque ele sabia que não tinha como controlar o que as pessoas faziam, mas passava muito tempo pensando nisso. Ele ia a um restaurante com o pai e começava a entrar em pânico se o garçom parecia demorar demais, ficava com medo de seu pai se enfurecer. Ficava ansioso quando um dos irmãos fazia algo que pudesse enervar o pai, temendo que o pai gritasse com eles.

---

[*] Ouvi isso de quase todas as pessoas com quem conversei que conviviam com uma pessoa com raiva que externalizava a raiva. Elas diziam que era exaustivo, e muitas usavam a expressão "pisar em ovos".

Ele tomava medidas para tentar impedir que alguém fizesse algo que pudesse irritar o pai. Começou a ficar impaciente por causa do comportamento do pai e passou a apressar o garçom ou tentar acelerar a pessoa que estivesse andando devagar na frente deles. Conhecia os gatilhos do pai e tentava desesperadamente se adiantar para evitá-los. Repreendia os irmãos quando faziam bagunça, tentava mudar de assunto quando a conversa entrava em um tema que desagradava o pai e até evitava falar com o pai sobre coisas pessoais que achava que poderiam irritá-lo de alguma forma.

Foi dessa dinâmica que surgiu a necessidade de controle. O "mau comportamento" dos outros enraivecia o pai, e essa raiva aterrorizava Nathan. O mecanismo que ele criou para lidar com a raiva do pai era tentar evitá-la, o que, às vezes, implicava tentar controlar as pessoas ao redor. Sua namorada atual e, como descobrimos depois, muitas outras pessoas de seu convívio estavam sofrendo por isso. Ele queria que as pessoas se comportassem de uma determinada maneira. Ficava ansioso e frustrado quando elas não faziam o que ele esperava ou o que ele queria e, sem perceber, tentava manter as pessoas "na linha". Às vezes, como fazia com a namorada, usava a própria raiva para garantir esse controle.

Agora, sabemos como Nathan se tornou tão controlador, mas de onde vinha a raiva que o pai dele sentia? Uma análise da personalidade dele, pelo menos da perspectiva de Nathan, revelou que a raiva que o pai sentia se originava de vários traços de personalidade diferentes que o tornavam mais propenso a se enfurecer ao longo do dia e a externalizar essa raiva. Por exemplo, ele era impaciente. Queria que as coisas fossem feitas rapidamente e do jeito que considerava certo. Também tendia a julgar as pessoas. Esperava muito das pessoas e, quando elas não atendiam às expectativas, ele as criticava. Por fim, não hesitava em dizer às pessoas o que pensava a respeito delas. Era muito verbal em suas críticas, o que o levava a expressões externas de raiva, não raro envolvendo gritos e agressividade.

> **DICA**
>
> Tente identificar alguns dos fatores complexos que podem constituir a personalidade raivosa de uma pessoa. A raiva é motivada por impaciência, necessidade de controle, senso de merecimento ou algum outro fator?

Interações gene-ambiente

A história de Nathan é interessante porque nos mostra evidências de duas maneiras diferentes pelas quais a raiva foi transmitida do pai para ele: genética e criação. Nathan foi influenciado pelo pai de várias formas, algumas delas antes mesmo de seu nascimento. Qualquer discussão sobre genética e raiva (ou, na verdade, genética e qualquer outra coisa) precisa começar com o fato de que não é possível separar nossos genes do ambiente. Eles simplesmente não podem ser desvinculados. Como se diz, seria como fazer um bolo e perguntar o que faz com que ele seja tão gostoso, o açúcar ou a farinha. Apesar de começarem como dois ingredientes distintos, uma vez misturados, eles interagem para fazer do bolo o que ele é. Se você tirar qualquer um deles, o bolo não será o mesmo – pode até deixar de ser um bolo. No caso de Nathan, não é possível afirmar se os problemas com a raiva resultaram da genética ou da criação. Na verdade, os problemas dele com a raiva resultaram desses dois fatores. É o que os cientistas chamam de "interação gene-ambiente", "interação genótipo-ambiente" ou "interação G × E".

A interação gene-ambiente significa que nossas características, de personalidade e outras, são influenciadas por uma interação mútua entre nossos genes e nosso ambiente. Podemos nascer com uma predisposição a alguma característica (ansiedade, inteligência, raiva), mas essa predisposição está sujeita ao ambiente no qual nos desenvolvemos. Por exemplo, uma pessoa pode nascer com uma predisposição genética a ser inteligente (pelo menos, a definição tradicional de inteligência).

Entretanto, se essa pessoa for exposta a toxinas (como chumbo, mercúrio, bebidas alcoólicas) durante a gestação ou na infância, esse potencial de inteligência provavelmente será reduzido. Essa pessoa não terá o QI alto que era predisposta a ter com base puramente em sua composição genética.

Trata-se de um exemplo extremo, mas esse mesmo fenômeno ocorre com qualquer característica. Herdamos uma predisposição genética a sermos baixos ou altos, e essa predisposição é influenciada por nossa alimentação ou por outros fatores. Podemos acabar não sendo tão baixos ou altos quanto se esperava com base em nossos genes. Podemos herdar uma predisposição a sermos ansiosos, mas nossas experiências, especialmente na infância e na adolescência, podem atenuar essa tendência, e podemos nunca desenvolver a personalidade ansiosa à qual éramos predispostos. O contrário também pode ocorrer. Uma pessoa pode não nascer com grande predisposição genética para a ansiedade, mas já na infância é exposta a estressores ou experiências traumáticas que levam ao desenvolvimento de uma personalidade ansiosa.

Na verdade, é essa interação gene-ambiente que os geneticistas realmente estudam. Eles não se interessam apenas por estudar os genes. Citando o doutor Francis S. Collins, do National Human Genome Research Institute (Instituto Nacional de Pesquisa do Genoma Humano), dos Estados Unidos:

Muitas pessoas presumem que nós, geneticistas, só estamos interessados nos genes e que desconsideramos a importância do ambiente. Na verdade, está longe de ser o caso. Para doenças mais complexas, como diabetes e câncer, ou doenças cardíacas, o que leva à doença é uma interação mútua entre genes e ambiente. Você pode ter alguma predisposição genética, mas provavelmente só vai contrair a doença se o gatilho ambiental também estiver presente. É uma área importantíssima de pesquisa tentar entender como os genes e o ambiente atuam juntos e como podemos modificar o ambiente para pessoas que podem estar em risco em razão de suas suscetibilidades genéticas.[18]

A genética da raiva

No que diz respeito à raiva, o que isso significa é que, embora existam preditores genéticos conhecidos para identificar a raiva e a agressão, esses preditores genéticos *interagem* com as forças ambientais para levar à raiva crônica. Uma pessoa como Nathan pode ter nascido com grande propensão a ter problemas de raiva, mas jamais chegar a desenvolver esses problemas porque o ambiente não reforçou essa tendência. Por outro lado, uma pessoa sem grande predisposição genética à raiva pode se desenvolver em um ambiente que leva a graves problemas de raiva. Quanto ao transtorno de personalidade antissocial, muitas pesquisas têm explorado os fatores genéticos envolvidos.

As pesquisas foram resumidas com brilhantismo em um projeto de 2010 conduzido pelo doutor Christopher Ferguson, que usou uma abordagem chamada meta-análise.[19] Uma meta-análise é um tipo de estudo projetado para explorar as implicações combinadas das pesquisas já publicadas sobre um determinado tópico. Nesse estudo específico, Ferguson encontrou 38 artigos publicados que estudaram o transtorno de personalidade antissocial usando pesquisas com gêmeos, pessoas adotadas ou genética comportamental.

Estudos com gêmeos e/ou com adoção tendem a ser muito eficazes para explorar as predisposições genéticas. Analisando gêmeos, é possível fazer comparações entre os gêmeos idênticos e os bivitelinos (também chamados de fraternos) para melhor compreender as taxas de hereditariedade. Se o transtorno de personalidade antissocial, por exemplo, fosse 100% genético (o que não é o caso), se um gêmeo idêntico tivesse o transtorno, o outro também teria. No entanto, se um gêmeo bivitelino tivesse o transtorno, o outro gêmeo teria cerca de 50% de chances de também ter o transtorno, porque os gêmeos bivitelinos têm aproximadamente 50% dos genes em comum (a mesma porcentagem que irmãos não gêmeos). O mais interessante é que, quando criados juntos, gêmeos idênticos e bivitelinos compartilham ambientes e criação muito parecidos (potencialmente, até mais que irmãos não gêmeos, por terem a mesma idade). Como o impacto do ambiente é basicamente o mesmo para ambos, a maior diferença entre eles é a herança genética.

Os estudos com filhos adotados seguem um princípio semelhante. Quando filhos adotados não compartilham nenhuma relação genética com os pais adotivos, os estudiosos podem fazer comparações entre os filhos e os pais adotivos e biológicos. É possível explorar as características mais parecidas com as dos pais biológicos (com quem compartilham os genes) e as características mais parecidas com as dos pais adotivos (que os criaram e compartilham com eles um ambiente semelhante). Quando Ferguson analisou cerca de 40 estudos que usaram esses métodos para estudar o transtorno de personalidade antissocial, ele concluiu que mais ou menos a metade (56%) da variação no transtorno de personalidade antissocial poderia ser explicada pela genética.

É claro que isso não significa que a característica seja definida no nascimento e que nada possa ser feito, lembrando que há uma interação entre fatores genéticos e ambientais. O que isso quer dizer é que as pessoas podem herdar uma probabilidade maior de desenvolver o transtorno de personalidade antissocial. No entanto, essa predisposição está sujeita à criação, às exposições ambientais, aos relacionamentos, às oportunidades educacionais e a uma série de outros fatores.

As pesquisas sobre o transtorno de personalidade antissocial são relevantes aqui principalmente porque a raiva tem um papel importante nesse distúrbio, e há muito mais pesquisas sobre esse transtorno do que especificamente sobre a raiva. Temos muito menos informações sobre o papel da genética na raiva (sobretudo em comparação com os estudos voltados a investigar outras experiências relacionadas a emoções, como ansiedade e depressão).* Afinal, o que sabemos sobre a raiva? A raiva é uma emoção ou a maneira como as pessoas expressam sua genética?

Em 2005, o doutor Xiaoling Wang e seus colegas projetaram um estudo para testar exatamente isso.[20] Eles observaram os estilos de expressão de raiva de 306 pares de gêmeos, tanto idênticos quanto bivitelinos, e constataram que, de fato, havia fatores genéticos em ação. O objetivo do estudo não foi prever a frequência ou a intensidade da raiva, mas a maneira como as pessoas a expressavam. O que os pesquisadores descobriram foi que os fatores genéticos eram preditores melhores da supressão (conter a raiva) e do controle (respirar fundo, contar) da raiva. Já as influências ambientais previam melhor a expressão externa da raiva. Uma teoria interessante tenta explicar as razões para isso – ou seja, por que alguns estilos de expressão seriam mais previstos pela genética que outros –, mas vou deixar para discuti-la no próximo capítulo, quando falaremos sobre a criação.

A raiva e o cérebro

De que forma essas predisposições genéticas afetam a nossa raiva? Como os nossos genes podem afetar a constituição do cérebro ou de alguma outra parte do corpo para nos levar a ser pessoas com raiva? Se Nathan realmente herdou o temperamento do pai, como isso aconteceu? Pode ser difícil ou até impossível identificar as associações específicas entre os genes e as respostas emocionais que eles podem prever. Tanto que, quando falamos de predisposições genéticas, não estamos nos referindo a um único gene que causa a raiva (ou a ansiedade, a inteligência ou qualquer outra coisa). Raramente – ou nunca – é simples assim. Na verdade, estamos falando de uma

---

* É provável que essa seja uma das consequências de as menções à raiva serem tão raras no DSM-5-TR. Em geral, distúrbios incluídos no DSM recebem muito mais atenção e financiamento para pesquisas do que aqueles que não são incluídos.

combinação de genes que podem estar associados a aumentos ou reduções do tamanho de determinadas estruturas cerebrais ou do nível de determinados hormônios.

Por exemplo, um estudo de 2013 levou à descoberta de que o tamanho da amígdala era previsto por uma combinação de genes.[21] A amígdala é composta de duas pequenas estruturas localizadas profundamente no centro do cérebro que, muitas vezes, são descritas como "computadores emocionais". Quando ficamos com raiva, é sinal de que nossa amígdala absorveu informações que considerou enervantes. Em seguida, a amígdala inicia uma resposta de raiva. Usando a metáfora do computador emocional, a amígdala processa informações (em geral, vindas do mundo externo, mas também de nossas memórias e até mesmo de nossa imaginação)* e aciona respostas emocionais a essas informações. A amígdala é, basicamente, a parte do cérebro que aperta o botão do cérebro para "ficar com raiva" (ou triste, ou com medo, ou sentir emoções semelhantes). Quando isso acontece, a amígdala envia sinais a outras estruturas do cérebro e as peças do dominó começam a cair à medida que a resposta de raiva ocorre.

UMA CURIOSIDADE SOBRE A RAIVA

É comum a raiva ser sentida junto a outras emoções, como tristeza, medo e culpa. Uma das razões disso é que as bases biológicas dessas experiências emocionais são todas muito parecidas.

A próxima peça do dominó a cair é o hipotálamo, que controla o sistema nervoso autônomo e aciona a resposta de lutar ou fugir. O coração bate mais rápido, a respiração se intensifica, os músculos ficam tensos e o sistema digestivo desacelera. É assim que nosso corpo se

---

* Nunca duvide da natureza enervante das suas lembranças. Podemos voltar a sentir a mesma raiva só de nos lembrar de uma situação enfurecedora. Então, quando me lembro de alguns comentários agressivos que recebi nas redes sociais, meu coração realmente bate mais rápido, meus músculos realmente ficam tensos e eu realmente começo a suar.

prepara para fugir (se estivermos com medo) ou para lutar (se estivermos com raiva). É parte de uma sequência complexa que existe para nos energizar a fim de podermos fugir do perigo ou confrontar a injustiça. Ao mesmo tempo, nossa amígdala envia mensagens para o núcleo motor do nervo facial, um agrupamento de neurônios no tronco cerebral que controla nossas expressões faciais automáticas. São as expressões que ocorrem imediatamente quando sentimos uma emoção; expressões sobre as quais não temos controle imediato (como franzir as sobrancelhas,* cerrar os lábios, olhar de um modo aguçado).

Essas são apenas as partes da experiência da raiva sobre as quais não temos controle (ou das quais temos apenas o mínimo controle). São as partes que ocorrem imediatamente em resposta à provocação antes de podermos começar a executar algumas estratégias de controle da raiva. Por exemplo, respirar fundo desacelera a resposta de lutar ou fugir depois que essa resposta é acionada, e, embora seja possível retomar o controle de nossas expressões faciais intencionalmente, só podemos fazer isso depois da resposta inicial. A parte do cérebro responsável por retomar o controle – seja respirando fundo, emitindo expressões faciais diferentes ou controlando nosso desejo de atacar física ou verbalmente – é o córtex pré-frontal. É a área do cérebro logo atrás da testa que está envolvida na tomada de decisão, no planejamento e em outras tarefas de pensamento avançado. É nesse momento que decidimos o que fazer com nossa raiva. É nesse momento que algumas pessoas são capazes de controlar o desejo de atacar.

O córtex pré-frontal também é influenciado, pelo menos em parte, por nossos genes. Por exemplo, um artigo de 2007 no qual foram analisadas imagens cerebrais – o que significa que os autores examinaram vários estudos de ressonância magnética – levou à descoberta de que

---

* Tenho uma ruga permanente entre os olhos que estou convencido de que tem mais a ver com estresse e foco e menos a ver com a raiva. De qualquer forma, um dia desses, o assunto veio à tona nas redes sociais, e só vou dizer que eu estava psicologicamente despreparado para o número de pessoas que me recomendaram usar botox.

fatores genéticos previam o tamanho do córtex pré-frontal.[22] Nossa capacidade de controlar a raiva, de nos impedir de explodir, é explicada pela atividade dessa parte do cérebro, que, por sua vez, é influenciada pelo material genético que herdamos. No entanto, as estruturas do cérebro não são a única coisa que herdamos que pode afetar a raiva e a agressividade. Nossos genes também influenciam os hormônios que produzimos e que podem influenciar nossa raiva.

O complexo impacto da testosterona

Vou avançar com cautela aqui porque poucas coisas me deixam mais nervoso do que falar sobre a testosterona no contexto da raiva e da agressão. Dada a relação da testosterona com as diferenças entre os gêneros, qualquer discussão que implique que "a testosterona causa agressão" acaba sendo interpretada por algumas pessoas como "é por causa da testosterona que os homens são mais agressivos que as mulheres". Essa interpretação não é justa por uma série de razões. Para começar, são muitos os fatores que levam à tendência dos homens a serem mais agressivos que as mulheres. Além disso, a testosterona não aumenta necessariamente a raiva e a agressividade, pelo menos não da maneira como as pessoas pensam.

Vejamos o que sabemos sobre a testosterona, a agressão e a raiva. A testosterona é um hormônio sexual que tem um papel na maturidade sexual tanto em homens quanto em mulheres. Na puberdade, a testosterona está associada ao desenvolvimento dos órgãos sexuais, da musculatura, do crescimento ósseo e a outros fatores. Além desses efeitos na maturidade, contudo, a testosterona também tem efeitos na ativação sexual, pois é liberada antes e durante a excitação sexual. No passado, acreditava-se que a testosterona era uma causa biológica da agressão. Entretanto, os cientistas descobriram que essa relação não é tão clara e com certeza não é tão evidente quanto a maioria das pessoas acredita.

A biologia da raiva 65

A testosterona realmente parece conduzir à agressão, mas há algumas interferências entre variáveis (ou seja, a testosterona, por si só, não leva à agressão e não conduz a todo tipo de agressão). A maior parte das pesquisas a respeito foi feita com animais, e os pesquisadores constataram diversas vezes que, como a testosterona está associada à busca de status social, ela parece prever de modo mais efetivo algumas formas sociais de agressão.[23] Por exemplo, a testosterona é um bom preditor de domínio ou agressão territorial (violência física motivada pelo desejo de obter poder ou posses) na maioria dos mamíferos. No entanto, a testosterona não é um bom preditor de agressão predatória ou defensiva em animais.

Até pouco tempo atrás, a maior parte das pesquisas feitas em humanos foi de natureza correlacional. Os pesquisadores basicamente mediam a testosterona dos participantes – em sua maioria, homens – e seu histórico de violência e procuravam relações entre os dois. Nesses casos, a agressão foi associada à gravidade dos crimes, incluindo estupros e assassinatos, mas não foi correlacionada a crimes não violentos, como furtos ou abuso de drogas. À primeira vista, os resultados desses estudos parecem ser evidências relativamente concretas de que a testosterona aumenta a agressividade. No entanto, os estudos correlacionais sempre implicam questões sobre a direcionalidade. É o alto nível de testosterona que está causando a violência ou é a violência que aumenta o nível de testosterona?[24]*

Recentemente, o aumento do uso da terapia de reposição de testosterona possibilitou uma análise mais completa do impacto da testosterona sobre a raiva e a agressividade humana. Os pesquisadores puderam ma-

---

* O estudo de 1978, conduzido por Jeffcoate e seus colegas, levou exatamente a essa descoberta. Eles confinaram cinco homens em um barco por duas semanas e monitoraram seus níveis de testosterona todos os dias. Também avaliaram a agressividade dos homens todos os dias e descobriram que, à medida que os participantes estabeleciam uma hierarquia, seus níveis de testosterona acompanhavam as mudanças nessa hierarquia. Os pesquisadores concluíram que "em algumas circunstâncias, a interação social pode modificar o status endócrino em humanos".

nipular, no âmbito experimental, os níveis de testosterona a fim de avaliar o impacto dessa manipulação nas emoções e no comportamento. Por exemplo, em um estudo recente,[25] os pesquisadores dividiram participantes do sexo masculino em dois grupos, um que recebeu testosterona e outro que recebeu um placebo, e os convidaram para jogar videogame. O que os participantes não sabiam, contudo, era que o joystick que eles receberam para usar era defeituoso. Em consequência, os participantes nunca poderiam vencer o jogo e obter a recompensa prometida caso vencessem.* Os pesquisadores descobriram que o grupo que recebeu testosterona não foi mais agressivo que o outro grupo, mas que o primeiro grupo, de fato, sentiu mais raiva que o segundo. Esse estudo é apenas um de uma série de estudos realizados nos últimos quinze anos para ilustrar essa interessante relação, de que a testosterona exógena parece levar ao aumento da raiva, mas não necessariamente ao aumento da agressividade.

Pelo menos parte dessa raiva induzida pela testosterona pode ter origem no papel da testosterona no desejo de obter um status mais elevado. As pessoas que desejam um status mais elevado costumam sentir raiva quando esse desejo é frustrado (uma forma de bloqueio de objetivos). Elas querem ser reconhecidas por suas realizações (status profissional, nos esportes ou até em um game, como no estudo acima) e ficam com raiva quando não atingem esses objetivos ou quando sentem que não são reconhecidas. Quando não obtêm o que acham que merecem, inclusive reconhecimento, sentem raiva.

Mas o que tudo isso significa? A princípio, a testosterona é associada a determinados tipos de agressão em animais, mas não tanto em humanos. Além disso, a testosterona é associada à busca de status em animais e em humanos. E, também, manipulações experimentais da testosterona demonstram que ela causa reações raivosas quando as pessoas

---

* O Ryan adulto acha hilário o estudo com o joystick defeituoso. Ele jogou muito videogame para saber como isso é frustrante. O Ryan criança/adolescente, que adorava jogar videogame e levava essa atividade muito a sério, fica indignado só de pensar na ideia.

têm seus objetivos bloqueados. Por fim, a busca por status pode estar associada à raiva em humanos. Em consequência, o impacto da testosterona sobre a raiva e a agressão humana pode ser uma combinação de efeitos diretos e indiretos. Altos níveis de testosterona aumentam a propensão à raiva e à agressão (efeito direto), e altos níveis de testosterona levam a um desejo de elevar o status, o que aumenta a propensão à raiva (efeito indireto).

Voltando ao que deu início a esta discussão – como a genética pode influenciar nossa raiva –, nossos genes, sem dúvida, preveem nossos níveis de testosterona. Isso já foi pesquisado há um bom tempo, mas, só na última década, vários estudos demonstraram, por meio de métodos diferentes, que os genes explicam nossos níveis de testosterona. Um desses estudos incluiu dados de mais de 400 mil participantes e mostrou que (1) os níveis de testosterona são herdados tanto em homens quanto em mulheres e (2) os altos níveis de testosterona também preveem diversas consequências na saúde das pessoas.[26]

É claro que nada disso importa se não usarmos esse conhecimento para lidar melhor com as pessoas com raiva que fazem parte de nosso convívio. Considerando que não podemos fazer nada para mudar os fatores biológicos das pessoas, que diferença isso faz? Para mim, isso tem muita relação com algo que vimos na introdução deste livro: devemos buscar ter compaixão e compreender as pessoas com raiva. Para de fato entender as pessoas com raiva, precisamos entender de onde vem essa raiva.

O papel do ambiente na interação gene-ambiente

Ao analisar os estudos sobre o papel da genética nos níveis de testosterona, encontrei um estudo recente que me fez parar para pensar. Era um artigo de 2018[27] em que se analisavam os fatores genéticos e os fatores ambientais da infância para prever os níveis de testosterona. Os autores do estudo, Kesson Magid e seus colegas da Durham

University, argumentam que as experiências na infância eram fatores preditivos mais confiáveis dos níveis de testosterona que a genética. Por se tratar de um estudo pequeno, com apenas 359 participantes, em comparação com o estudo que envolvia 400 mil pessoas que descrevi acima, prefiro ser cauteloso ao tirar conclusões. Ao mesmo tempo, o estudo aborda o papel do ambiente na interação gene-ambiente sobre a qual estamos falando aqui. Todas essas diferenças biológicas (como genes, estruturas cerebrais, hormônios), que, como vimos, podem ser fatores preditivos da raiva, têm raízes profundas em nossos genes. No entanto, nossas experiências – principalmente as da infância – também têm seu papel. Nathan não é apenas o produto dos genes do pai dele. É também produto da criação que recebeu do pai. Sua raiva também vinha do comportamento e da visão de mundo do pai, bem como da dinâmica do relacionamento entre os dois. No próximo capítulo, abordaremos esses fatores do desenvolvimento e veremos como eles afetam a raiva.

EXERCÍCIO: O QUE A BIOLOGIA TEM A VER COM ISSO?

Pense em uma pessoa com raiva que faça parte da sua vida. Quais fatores biológicos podem estar contribuindo para a personalidade raivosa dessa pessoa? Em alguns casos, talvez você não saiba. Talvez você não conheça a pessoa a ponto de fazer uma associação com quaisquer predisposições genéticas. Contudo, com base no que você sabe sobre o histórico familiar e biológico dessa pessoa (ou talvez na sua tendência a comportamentos impulsivos não relacionados à raiva), responda às seguintes perguntas sobre ela:

1. Em qual extensão você acha que a raiva dessa pessoa foi herdada?
2. Você acha que consegue ver a pessoa com um pouco mais de empatia, agora que sabe que a raiva é, em parte, fruto da carga genética?

CAPÍTULO 3

Educação emocional

Expressões aprendidas

Certa vez, quando meu filho mais velho tinha uns três anos, eu e minha esposa estávamos tendo uma conversa acalorada na cozinha. Não me lembro do que se tratava, provavelmente tinha alguma coisa a ver com política. Não era uma briga. Na verdade, tenho certeza de que concordávamos um com o outro, mas o assunto nos enfurecia, então, estávamos um pouco exaltados. Falávamos em voz alta, com a expressão séria e, como costumo ficar quando estou com raiva ou falando sobre algo sério, eu estava com o braço direito cruzando o torso, o cotovelo esquerdo apoiado no pulso direito e o queixo descansando na mão esquerda.*

Meu filho estava na cozinha e, no meio da conversa, olhei para ele e percebi que ele estava fazendo exatamente a mesma pose que eu. Ele me olhava carrancudo, com o braço cruzado à frente, o cotovelo apoiado no pulso e o queixo apoiado na mão. Aquela visão foi, ao mesmo tempo, adorável e profundamente tocante. Meus dois filhos

---

* Não sei de onde veio isso, mas, dada a natureza deste capítulo, seria interessante e divertido saber como aprendi essa postura.

são adotados. Não transmiti a eles nenhuma carga genética, e fisicamente somos muito diferentes. Então, foi comovente vê-lo se espelhar em mim. Também foi um exemplo fascinante e um importante lembrete de que grande parte do que passamos para nossos filhos, principalmente em termos de desenvolvimento emocional, não tem raízes em nossa biologia.

ESTUDO DE CASO: SIMONE
"Passei grande parte da infância achando que ninguém me entendia"

Simone estava prestes a fazer 40 anos e se descrevia como "bem-sucedida pela maioria dos padrões sociais". Tinha um bom emprego e era financeiramente independente. Era solteira e não tinha filhos. Como ela descreveu, vivia "totalmente satisfeita em sua solidão". Ela se orgulhava de quem era, mas me contou que não foi fácil chegar lá: "Passei dos 20 até, mais ou menos, os 35 anos desconstruindo a pessoa que havia me tornado com base nas expectativas dos outros!".

Ela tinha muita dificuldade de controlar a raiva. Disse que era acometida de uma "fúria automática e uma vontade incontrolável de destruir tudo que via pela frente" toda vez que se deparava com um gatilho. Ela conhecia o padrão de seus gatilhos: disparavam sempre quando se sentia incompreendida ou quando não tinha controle da situação. "É um gatilho enorme para mim", disse ela, "quando sinto que alguém está questionando as minhas motivações e a minha integridade". Ela afirma que fazia de tudo para sempre tratar as pessoas com alto padrão moral. Quando sentia que isso era questionado, levava para o lado pessoal.

Simone também contou que se enfurecia muito no trânsito. Ela precisava dirigir por causa de seu trabalho; às vezes, até três horas por dia. O comportamento dos outros motoristas a fazia sentir que perdia o controle da vida todos os dias no trabalho. Na descrição dela, dirigir lhe dava uma sensação de impotência e frustração em relação ao comportamento dos outros. Acho que isso tem muito a ver com os altos padrões morais que ela impunha a si mesma. Ela fazia de tudo para ser respeitosa e se enfurecia diante da falta de consideração dos outros.

A maneira como expressava essa raiva variava conforme as circunstâncias. Ao volante, gritava, xingava ou buzinava. Em outras situações, como em relacionamentos íntimos, se fechava. Refugiava-se dentro de si e chegava a entrar em uma "espiral de autoaversão e depressão". Contou que odiava conflitos e tentava evitá-los a qualquer custo. Ela se sentia "fora de controle e impotente". Por isso, era só ao volante que conseguia expressar sua raiva. O carro era um lugar seguro para ela, porque dentro dele ninguém podia ouvi-la e os outros motoristas eram desconhecidos.

E de onde veio tudo isso que Simone sentia? Ela me disse que começou a perceber algumas coisas sobre sua infância e entender o impacto disso em sua vida. "Para quem vê de fora, eu tive uma infância, uma adolescência e uma criação privilegiadas", ela me disse. "Minha família morava em uma boa casa, tinha bons carros, e meu pai ia trabalhar de terno e gravata." Suas necessidades básicas foram mais que satisfeitas. Ela tinha o que vestir, o que comer e um teto sobre a cabeça. Como os pais exigiam que tivesse um bom desempenho na escola, ela tirava notas altas; então, eles a ajudaram a pagar a faculdade.

No entanto, Simone foi vítima de abuso emocional e negligência. Ela nunca podia expressar emoções negativas. Os pais dela eram alcoolistas e não queriam ter filhos, e seu pai fora vítima de abuso infantil. Eles pararam de beber quando ela fez cinco anos, mas eram muito jovens quando ela nasceu e "não sabiam o que estavam fazendo".

Ela me contou: "Eu não podia ter nenhum sentimento!". Simone foi uma criança sensível e inteligente que questionava tudo, e acha que isso incomodava o pai. Ele queria ser um bom pai e, para ele, ser um bom pai significava ter filhos bem-comportados e sob seu controle. "Ele só achava que estava tendo sucesso e vencendo na vida se pudesse controlar os filhos e se mostrássemos ao mundo como éramos obedientes, bem-comportados e bonzinhos."

Ele controlava os filhos usando "terror e *gaslighting*". Ela não tinha permissão para sentir as emoções normais de uma criança. Sempre que ficava chateada, era punida. Era repreendida por expressar qualquer forma de emoção negativa. "Pare de chorar ou vou lhe dar um motivo para chorar", dizia ele. Ao mesmo tempo, ele basicamente usava o abuso que sofreu na infância para justificar seu abuso emocional e sua negligência, dizendo que a infância de Simone era um paraíso em comparação com a dele, e que ela não tinha do que reclamar.

Agora, adulta, Simone está trabalhando para lidar com tudo isso. Ela faz terapia para lidar com a tendência de evitar conflitos e o problema de raiva. Ela me disse que, "em um mundo perfeito, todo mundo se esforçaria para não desconsiderar nem desvalorizar os sentimentos dos outros". Tudo que ela quer é sentir-se compreendida. "Passei grande parte da infância achando que ninguém me entendia", ela me falou. Ela quer que as pessoas sejam sinceras com ela e ouçam o que ela tem a dizer.

Os bebês e suas emoções

Como vimos no caso de Nathan, no capítulo anterior, do mesmo modo, Simone demonstra como as emoções de um adulto têm raízes profundas em suas experiências e em seu desenvolvimento na infância. Simone não podia expressar suas emoções negativas* na infância. Ela levava broncas ou até surras sempre que demonstrava raiva, medo ou tristeza, e as reações do pai a assustavam. Essa é uma das

---

* Tendo a fazer de tudo para não categorizar as emoções como positivas ou negativas. Eu não as vejo dessa forma. Nossas emoções não passam de estados emocionais que nos fornecem informações sobre o mundo, assim como a fome, a sede ou outros estados fisiológicos. Ciente disso, afirmo que elas podem ter associações muito negativas para as pessoas, como no caso de Simone.

maneiras pelas quais aprendemos quais emoções podemos, ou não, sentir e expressar.

O que sabemos sobre a forma como a raiva se desenvolve nos seres humanos se baseia no modo como as emoções, em termos mais gerais, se desenvolvem nos humanos, a começar pela primeira infância. As emoções dos bebês são muito simples. Quando nascem, eles têm, basicamente, duas emoções: contentamento e descontentamento (este, demonstrado pelo choro). Em geral, o que gera esse descontentamento é não ter as necessidades fisiológicas atendidas. Os bebês choram quando estão com fome, cansados, sujos, com calor, com frio, e assim por diante. As lágrimas e os gritos são, essencialmente, uma reclamação sobre algo negativo que está acontecendo na vida do bebê e um mecanismo para ter suas necessidades satisfeitas. Exceto isso, os bebês têm o que os cientistas chamam de uma "resposta de sobressalto", que é uma expressão básica de medo, mas não vão muito além disso em termos de experiências e expressões emocionais. Até o sorriso intencional, uma das primeiras expressões emocionais, surge cerca de um mês depois do nascimento.[*]

Essas experiências e expressões emocionais básicas se tornam mais avançadas com o tempo. À medida que amadurecemos no âmbito físico e cognitivo, passamos a ser capazes de sentir coisas novas e expressá-las de novas maneiras. Com o desenvolvimento físico, aumentamos as chances de encontrar novas provocações. Por exemplo, à medida que a visão melhora, podemos ver melhor o rosto de nossos cuidadores para trocar sorrisos com eles. No entanto, também podemos vê-los se afastando de nós, e isso pode nos deixar tristes. Pode ser empolgante começar a andar, mas essa nova capacidade também nos

---

[*]   Os pais tendem a contestar isso. "Meu bebê começou a sorrir já no primeiro dia", eles me dizem. A palavra-chave aqui é "intencional". Aqueles primeiros sorrisos, em geral, não são intencionais. Os bebês levam um tempo para aprender a mover intencionalmente os músculos da boca e ainda mais tempo para aprender que essa é uma forma de expressar prazer e felicidade.

expõe a novos e amedrontadores perigos, como um lance de escadas ou um forno ligado. Também usamos o desenvolvimento físico para expressar as emoções de formas diferentes. Sorrir, socar, fugir e verbalizar nossas emoções são coisas que precisamos aprender a fazer.

O desenvolvimento intelectual também acarreta muitas mudanças. Quando nascemos, não temos ideia de que as pessoas podem estar nos avaliando ou julgando. À medida que nos desenvolvemos, começamos a perceber que outros seres humanos são independentes de nós e têm motivações diferentes das nossas. Esse reconhecimento conduz a novas emoções, como vergonha, constrangimento e orgulho. Em termos da raiva, leva a entendimentos mais sutis sobre como e por que as provocações podem ocorrer. Um bebê pode ficar frustrado simplesmente porque queria algo e não conseguiu. No entanto, à medida que se desenvolve, ele passa a ser capaz de compreender por que não conseguiu o que almejava. Esse entendimento pode ajudar a aliviar a raiva ("ele não me dá o que eu quero porque é perigoso") ou pode agravar a raiva ("ele não me dá o que eu quero porque é uma pessoa cruel").

UMA CURIOSIDADE SOBRE A RAIVA

É possível reforçarmos sem querer a raiva de uma pessoa antes mesmo que ela expresse totalmente a raiva. Ficamos tão preocupados com a possibilidade de a pessoa ter um incidente de raiva que pisamos em ovos para evitar a explosão.

Nossas diferenças individuais na maneira como vivenciamos e expressamos a raiva se desenvolvem, em parte, por meio dessa história de aprendizagem emocional. À medida que amadurecemos emocionalmente, aprendemos como nos sentir em relação às coisas por meio de nossa exposição aos cuidadores e da maneira como eles se sentem a respeito das coisas. Três conceitos psicológicos básicos explicam a maior parte desse desenvolvimento emocional: reforço, punição e modelagem.

Reforço, punição e modelagem

Reforço e punição são alguns dos conceitos mais básicos da psicologia, embora sejam incompreendidos. Pense neles da seguinte forma. Se estiver tentando estimular um comportamento (por exemplo, dizer "por favor" e "obrigado"), você estará usando o reforço. Se estiver tentando reduzir um comportamento (por exemplo, brigar ou bater), você estará usando a punição. Então, se você elogiar uma criança por dizer "por favor", estará usando o reforço positivo, mas, se a repreender por chorar, como o pai de Simone fazia com ela, estará usando a punição. Nesses casos, as punições e as recompensas são intencionais, o que acontece muito com as emoções, mas muitas punições e alguns reforços de comportamento não são intencionais.

Desta forma, é comum vermos reforços e punições não intencionais no desenvolvimento emocional das pessoas (às vezes, é isso que as pessoas querem dizer quando falam de "consequências naturais"). Temos expressões inatas de emoção, algumas das quais estão presentes desde o nascimento (como chorar e assustar-se) e outras surgem um pouco depois, à medida que nos desenvolvemos (como sorrir). Essas expressões são reforçadas ou punidas por nossos cuidadores, às vezes, intencionalmente e, às vezes, não. Quando uma criança chora, por exemplo, um pai pode dizer algo como: "Ei! Meninos grandes como você não choram!". Outro pai poderia responder ao mesmo comportamento dizendo: "Tudo bem. Pode chorar. Chore até passar!". Essas duas crianças aprendem mensagens muito diferentes sobre o choro. A primeira criança foi punida com uma leve repreensão por chorar, enquanto a segunda teve o choro reforçado com um elogio gentil. A primeira criança provavelmente se esforçará mais para conter as lágrimas da próxima vez. A segunda terá mais chances de deixar o choro fluir.

> **DICA**
>
> Pense nas coisas que você pode estar fazendo para reforçar as expressões de raiva de alguém. Você cede imediatamente ao que a pessoa quer ou corre para resolver o problema da pessoa para aplacar sua raiva?

Não são apenas nossos cuidadores que nos dão reforços e punições. As crianças também os recebem dos colegas. Quando uma criança demonstra medo na escola, pode ser objeto de chacota de um colega. No entanto, quando a criança é estoica, corajosa ou talvez até agressiva, ela pode ser elogiada por ser "inabalável" e "durona". Como seria isso no contexto da raiva? Vamos pensar em algumas maneiras pelas quais podemos recompensar ou punir determinadas expressões de raiva na infância.

A raiva tende a ser uma daquelas emoções sobre as quais os cuidadores transmitem mensagens muito claras, talvez em virtude do histórico deles com agressão e violência. Quando as crianças sentem raiva, é comum atacarem física ou verbalmente de maneiras que podem ser perigosas ou que os cuidadores não querem encorajar. Os cuidadores costumam reagir rápido a esse tipo de comportamento raivoso, de modo que as crianças costumam ser repreendidas de imediato por determinadas expressões de raiva. Por exemplo:

- Ser punido por gritar com um irmão.
- Ser obrigado a ficar no quarto até se acalmar.
- Ser repreendido por dizer palavrões em consequência da frustração.
- Ser elogiado por respirar fundo.
- Ser ensinado e, depois, elogiado por socar um travesseiro ou um bichinho de pelúcia.*

---

* Infelizmente, muitos pais e psicólogos ensinam as crianças a fazer isso. A ideia é ensinar as crianças a expressar a raiva com segurança, para que não a reprimam e não se machuquem. No entanto, não faltam evidências de que esse tipo de catarse só estimula a raiva e a agressão.

Esses são apenas alguns exemplos de recompensas e punições manifestas e intencionais para expressões de raiva (ou seja, que pais e professores direcionam a filhos e alunos de modo intencional). Como a raiva é uma emoção social (ou seja, é mais comum senti-la em situações sociais), outros tipos de recompensas e punições não intencionais também podem ocorrer. Um pai pode ficar tão assustado com os acessos de raiva do filho a ponto de ceder à raiva da criança, recompensando-a e encorajando-a a repetir o comportamento. A criança aprende que a raiva pode ser uma ferramenta para conseguir o que quer. Por outro lado, a explosão de raiva de uma criança pode fazer um amigo se afastar ou prejudicar o relacionamento. Se isso acontecer, a criança pode aprender que a raiva é assustadora e que pode ter consequências negativas. Outros exemplos incluem:

- Ser elogiado pelos colegas por se defender.
- Socar alguma coisa e machucar a mão.
- Intimidar um colega e conseguir o que quer dele.

Na década de 1950, essa perspectiva sobre a aprendizagem, conhecida como *behaviorismo*, era a visão predominante na psicologia. Na verdade, a maioria dos behavioristas da época não estava nem um pouco preocupada com as emoções. Sentimentos como a raiva não eram comportamentos observáveis; então, eles se concentravam nas ações e nas expressões associadas a esses sentimentos. Em vez de estudar a raiva e falar sobre ela, eles estudavam a agressão. Em vez de estudar o medo, eles estudavam a evitação (o comportamento associado com mais frequência ao medo). O problema é que essa abordagem acabou restringindo o campo da psicologia, sobretudo no que diz respeito às emoções.

No entanto, em 1961, um estudo ajudou a mudar esse modo de pensar. Os behavioristas mais puristas argumentariam que os comportamentos são aprendidos, exclusivamente, por meio de recompensas e punições. Aprendemos a ser agressivos porque somos recompensados, intencionalmente ou não, pela agressão. Esse estudo de 1961 – sem dúvida, um dos três estudos de psicologia mais famosos de todos os tempos – encontrou algo bastante inesperado (pelo menos, em termos desse pensamento estreito sobre recompensas e punições).

Se você nunca ouviu falar do "experimento do joão-bobo",[28] de Albert Bandura, é sinal de que nunca fez um curso de introdução à psicologia, ou fez esse curso há tanto tempo que se esqueceu. É quase impossível esse estudo não ter sido mencionado em um curso. A ideia por trás do experimento do joão-bobo é bem simples: 72 crianças com idades entre 3 e 6 anos foram divididas em dois grupos – um grupo viu um adulto socar um joão-bobo, e o outro viu um adulto interagindo com o joão-bobo sem o agredir. Para quem não sabe o que é um joão-bobo, ele é basicamente um saco de pancadas inflável que tem areia ou algum outro peso na base para voltar a ficar em pé quando é atingido, com a cara de um palhaço e da altura de uma criança. Os participantes, independentemente do grupo, tiveram acesso à sala com o joão-bobo para que os estudiosos vissem como as crianças interagiam com o boneco depois de testemunhar a interação do adulto. O resultado não vai surpreender mães e pais que estiverem lendo isso, mas revolucionou a maneira como os psicólogos pensam sobre a aprendizagem. As crianças que viram um adulto socar um joão-bobo... também socaram o joão-bobo. Por outro lado, as crianças que observaram um adulto interagir sem agressividade com o joão-bobo também não foram agressivas com o boneco.*

Esse resultado pode parecer óbvio. Contudo, em 1961, quando o estudo foi feito, a psicologia ainda tinha muito a evoluir. Acreditava-se que a aprendizagem ocorria, em grande parte, por meio dos reforços e das punições que descrevi acima. A ideia de que aprendemos comportamentos por meio da observação, hoje chamada de modelagem, ainda não era aceita pela ciência. Para você ter uma ideia, as

---

* Na verdade, não foi um estudo isolado, e sim composto por toda uma linha de pesquisa relacionada à aprendizagem social. Foi replicado muitas vezes usando diversas variações, não apenas por Bandura, mas por muitos outros pesquisadores depois dele.

descobertas foram tão monumentais que Bandura foi convocado a testemunhar perante o Congresso dos Estados Unidos diversas vezes no fim dos anos 1960, para discutir os possíveis efeitos da violência na televisão.

Como isso se aplica às emoções em geral e, mais especificamente, à raiva? Bem, crescemos observando e absorvendo as formas como nossos cuidadores vivenciam e expressam emoções. Se uma criança crescer vendo um adulto gritar e xingar para expressar a raiva, ela provavelmente também gritará e xingará. Se crescer vendo os pais chorarem quando estão com raiva, provavelmente começará a chorar quando estiver com raiva. Uma regra de ouro do desenvolvimento emocional é que as crianças tendem a vivenciar e expressar emoções da mesma forma que os cuidadores. Pais que expressam emoções positivas de maneira positiva tendem a ter filhos que expressam emoções positivas de maneira positiva (e vice-versa).

No caso de Simone, ela aprendeu, pelo exemplo do pai, que a raiva deveria ser externalizada por meio de gritos, mas era punida com repreensões ou até surras quando expressava a raiva dessa maneira. Isso ajuda a explicar por que ela tem tanta vontade de atacar, mas só consegue fazer isso na segurança de seu carro ou quando está sozinha. As mensagens que recebeu eram tão confusas que a deixaram em conflito em relação ao modo de se expressar.

Como vimos no caso de Simone e do meu filho, as crianças basicamente aprendem a se expressar observando os cuidadores e outras pessoas importantes de sua vida. Extrapolando um pouco essa ideia, podemos deduzir que elas não apenas observam a raiva dos outros e a imitam, como também observam as pessoas o tempo todo para ver como reagem às situações e para aprender como elas mesmas devem se sentir. Isso é chamado de "referenciação social", e funciona da seguinte forma: quando encontramos um novo estímulo e não sabemos como devemos nos sentir, observamos alguém de confiança, em geral, um cuidador, para ver como ele se sente. Se ele parecer assustado, ficaremos assustados. Se ele ficar com raiva, ficaremos com raiva.* Com o tempo, essas experiências coletivas nos ensinam sobre os tipos de situações em que devemos ficar com raiva. Da mesma forma como desenvolvemos fobias, em parte, observando nossa mãe ou nosso pai expressando medo em resposta a determinados objetos ou situações, desenvolvemos nossas reações de raiva ao observar nossa mãe ou nosso pai expressando a raiva em situações específicas. Começamos a priorizar determinados tipos de injustiça porque as figuras de autoridade em nossa vida se importam com essas injustiças.

Regras de expressão emocional

É interessante observar que também é dessa maneira que as crianças geralmente aprendem as regras de expressão emocional específicas de sua cultura. As regras de expressão emocional são as normas informais que regem a forma como as emoções devem ou não ser expressas em uma determinada cultura ou em um grupo. A maioria das culturas tem normas consolidadas, como o conceito de que os homens devem evitar chorar. No entanto, apesar da crença popular, essa diferença tem mais raízes nas expectativas culturais do que na biologia. Os bebês do sexo masculino e os do sexo feminino choram na mesma proporção,[29] mas os meninos aprendem com o tempo, por meio de recompensas, punições e modelagem, que devem conter o choro.

A raiva, em particular, tem regras complexas de expressão emocional. Quem pode ficar com raiva e de que maneira são fatores que dependem, em grande parte, de expectativas culturais e sociais e diferem conforme o gênero, a raça, a idade e vários outros fatores. Por exemplo, considere os três fatos a seguir:

---

* Esse processo não para com a idade. Só acontece com menos frequência porque, com o tempo, é menos comum ficarmos incertos em relação a nossas emoções. Você já esteve em uma reunião no trabalho na qual alguém disse algo que você não tinha certeza de que estava certo? Você olhou para um colega de confiança para ver o que ele estava achando?

- Homens negros nos Estados Unidos têm mais chances de ser sentenciados a programas de controle da raiva como consequência de crimes, mesmo quando se trata de um tipo de crime semelhante ou do mesmo juiz.[30]
- Mulheres que expressam a raiva são vistas como menos competentes que homens os quais expressam a raiva exatamente da mesma maneira.[31]
- Homens e mulheres negros que expressaram raiva foram considerados menos influentes que homens brancos os quais expressaram exatamente a mesma coisa.[32]

Fica claro que há expectativas muito diferentes em relação à maneira como as pessoas acreditam que a raiva *deve* ser expressa com base em gênero e raça. A raiva pode ser exposta exatamente da mesma forma por duas pessoas diferentes, e a maneira como essa manifestação é percebida varia muito, dependendo das características da pessoa que está demonstrando a raiva.

Vamos considerar o que isso significa no contexto de como a raiva se desenvolve nas pessoas. Tudo depende dos três fatores que discutimos: reforço, punição e modelagem. Temos evidências muito claras de que as pessoas são recompensadas e punidas de formas diferentes por sua raiva. As mulheres, por exemplo, são punidas com avaliações negativas quando expressam raiva. Já os homens são recompensados por meio de avaliações positivas pelo mesmo tipo de expressão. Como resultado, as mulheres tendem a reprimir a raiva para evitar avaliações negativas, enquanto os homens provavelmente exteriorizarão a raiva por saberem que podem ser recompensados por isso.

Isso também tem consequências indiretas na modelagem. As pessoas têm mais chances de seguir o exemplo (modelar) do comportamento de pessoas semelhantes a elas, de modo que os meninos tendem a modelar as expressões de um cuidador do sexo masculino e as meninas, a modelar as expressões de uma cuidadora do sexo feminino. Como os homens tendem a externalizar a raiva com gritos ou agressão física, os meninos de seu convívio observarão esse comportamento e terão mais probabilidade de replicá-lo. O resultado é um ciclo contínuo de estilos de expressão baseados em gênero.

Nunca paramos de nos desenvolver emocionalmente

Como já deve estar claro, Simone enfrentou diversos tipos de desafios de desenvolvimento. Como todos nós, ela esteve sujeita a essas diferentes regras de expressão emocional e a expectativas, mas também recebeu mensagens conflitantes dos cuidadores em relação aos estilos de expressão apropriados. O que mais me fascinou no meu convívio com ela, contudo, foi o modo como ela se dedicou a reaprender a forma de vivenciar e expressar seus sentimentos. Ela disse que estava "trabalhando nisso" e contou que passou os últimos dez ou vinte anos *desconstruindo* a pessoa que se tornou como resultado da infância.

Nem todo mundo tem a mesma dedicação que Simone, mas seu empenho constante diz algo muito importante sobre o desenvolvimento emocional: ele não para com a idade. Nossos sentimentos continuam mudando como resultado de nossas interações, de nossa modelagem, de nossas recompensas, punições e assim por diante. Na adolescência, por exemplo, além de amadurecermos no aspecto físico com as formas que influenciam a raiva – sobretudo com os efeitos da testosterona e do estrogênio nessa fase da vida –, também amadurecemos no âmbito social de maneiras que afetam nossas emoções.

Uma característica da adolescência é o que costumamos chamar de "autonomia emocional", que engloba a fase em que os filhos começam a se desvincular emocionalmente dos pais e a se voltar mais para os colegas, a fim de satisfazer às necessidades emocionais. Na adolescência, portanto, nossos pais passam a ser a fonte de nossa raiva, e não a cura. Além de ser natural, essa autonomia emocional é saudável. Uma pessoa inteligente e saudável no âmbito emocional consegue administrar as próprias emoções sem a ajuda de cuidadores ou amigos.

Com o passar dos anos, começamos a priorizar os sentimentos positivos e procuramos eliminar os negativos. Em um processo chamado de *seletividade socioemocional*, com a idade, ficamos menos dispostos a tolerar emoções negativas como medo, raiva e tristeza.[33] Cada vez mais, sentimos que a vida é curta e que não vale a pena perder muito tempo nos sentindo mal. Os adultos, sobretudo os mais velhos, tendem a evitar esses sentimentos negativos; preferem atividades nas quais se sentem à vontade. Tendem a preferir a companhia de bons amigos a conhecer pessoas novas, priorizar relacionamentos em vez de objetivos trabalhosos ou desafiadores e evitar situações e pessoas que os deixam com raiva. Podem poupar-se de ler jornais ou assistir ao noticiário, por exemplo, ou esquivar-se de relacionamentos com pessoas que consideram frustrantes.

Essa tendência de evitar sentimentos negativos não é inerentemente boa nem ruim. Depende do resultado e de como isso pode afetá-los. Por exemplo, se a tendência de ignorar as notícias deixá-los alienados de acontecimentos importantes no país ou no mundo, isso pode ser um problema. Se evitar atividades emocionalmente desgastantes fizer com que eles deixem de se engajar em atividades saudáveis (como aprender coisas novas, conviver com a família), talvez haja algo que eles devam mudar. Por outro lado, se evitar pessoas e situações emocionalmente desgastantes resultar em aproveitar mais a vida sem consequências negativas, está ótimo.

Considerações finais sobre reforços e punições

É importante ter consciência de que somos recompensados e punidos ao longo de toda a vida. Esse processo não se limita à infância. Desse modo, os padrões emocionais podem se desenvolver e mudar até mais tarde na vida. Esses padrões também podem ser específicos a determinados relacionamentos, pois a maneira como você se relaciona emocionalmente com seus pais pode ser diferente de como se relaciona emocionalmente com seu parceiro ou seus filhos. Esses padrões podem ser associados à extensão na qual você sente que essas interações são recompensadoras ou punitivas. Se um amigo o deixa seguro o suficiente para expressar sua raiva (o que você vê como recompensa), provavelmente você a expressará. Por outro lado, se um colega demonstrar que não gostou quando você extravasou sua raiva no trabalho, sua tendência será parar de fazer isso ou encontrar outra pessoa para desabafar.

Vejamos um exemplo do estudo de caso do Capítulo 1, no qual Izzy contou como o pai dela costumava direcionar a raiva a pessoas que ele conhecia bem, não a colegas ou desconhecidos – não tenho como saber com certeza, mas imagino que isso acontecia porque ele se sentia recompensado por expressar a raiva de determinadas maneiras, o que não aconteceria se a expressasse do mesmo modo no trabalho, por exemplo. Se ele gritasse com um colega ou um chefe da forma como gritava com Izzy, haveria consequências. Ele pode até ter se sentido recompensado por direcionar a raiva a Izzy de maneiras que lhe passaram despercebidas. Mesmo magoando Izzy e talvez se sentindo culpado por isso depois, no momento, a explosão de raiva deve ter sido gratificante para ele, o que servia como reforço. Essas recompensas e punições podem ser sutis e difíceis de reconhecer na hora.

EXERCÍCIO: ONDE A PESSOA APRENDEU ISSO?

Responda às seguintes perguntas pensando na pessoa com raiva que faz parte de sua vida (na medida do possível):

1. Quais aspectos da formação dela (por exemplo, recompensas, punições, referências) podem ter levado à raiva?
2. Como a raiva da pessoa mudou com a idade?
3. O estilo de expressão de raiva é o mesmo em todos os relacionamentos, ou ela expressa a raiva conforme o contexto e as pessoas envolvidas?

4. De quais maneiras o estilo de expressão de raiva dessa pessoa pode ser reforçado no relacionamento entre vocês? De quais maneiras outras expressões podem ser punidas no relacionamento entre vocês?

Quando a raiva é contagiosa

A raiva de Simone foi moldada de forma direta e indireta pelo relacionamento com os pais, sobretudo com o pai. Como vimos, isso acontece com frequência. Pessoas com raiva são frutos tanto do DNA quanto do ambiente. A pessoa pode nascer com predisposições à raiva e ter uma criação que a predispõe a externalizar essa raiva. No entanto, também somos influenciados pelas circunstâncias e pelas pessoas ao nosso redor. Emoções podem ser contagiosas, podem levar as pessoas a se tornar raivosas não apenas em consequência de uma história de vida difícil ou de predisposições genéticas, mas apenas porque outras pessoas trazem à tona sua raiva. No próximo capítulo, abordaremos como a raiva pode ser moldada pelo mundo ao nosso redor em uma determinada situação.

CAPÍTULO 4

Quando a raiva é contagiosa

"Eu simplesmente surtei!"

Em maio de 2010, um grupo se reuniu em Columbus, no estado de Ohio, para protestar contra a Lei de Proteção e Cuidado Acessível ao Paciente [Affordable Care Act (ACA)], a iniciativa de assistência médica do presidente Obama (popularmente chamada de Obamacare) que tem como objetivo expandir o acesso aos serviços de saúde e tornar os cuidados de saúde mais acessíveis para os cidadãos. Essa manifestação não foi a única nos Estados Unidos e não teria nada de especial se não fosse por um vídeo que registrou uma pessoa se comportando muito mal, que acabou viralizando. Como ocorre em muitos desses protestos, um grupo de contramanifestantes chegou, incluindo um homem chamado Robert Letcher, que carregava uma placa com os dizeres "Você tem doença de Parkinson? Eu tenho, e você também pode ter. Obrigado pela ajuda!".

O vídeo mostra Letcher sentado na frente dos manifestantes anti-ACA num momento em que um homem se inclina e lhe dá um sermão, dizendo em tom condescendente: "Se você quer uma esmola, está no lugar errado. Aqui não tem nada de graça. Se você quer alguma coisa, tem de trabalhar por isso!". Enquanto isso, outro homem se aproxima e diz: "Não, não. Pode deixar que eu pago a parte dele. Aqui, pode pegar!". Ele tenta entregar dinheiro a Letcher, que não aceita e deixa cair a nota. "Faça uma vaquinha", o homem diz, "e eu pago a sua parte". Então, o homem começa a se afastar, mas, de repente, se vira e grita: "Se eu quiser lhe dar dinheiro, eu dou!". Ele amassa outra nota e a joga sobre Letcher, gritando ainda mais alto: "Chega de esmolas!". A multidão começa a encorajá-lo, aplaudindo sua hostilidade e chamando Letcher de comunista.

A cena é preocupante; mostra um grande grupo de pessoas, liderado por dois homens, importunando um idoso com doença de Parkinson. O vídeo viralizou quase de imediato, e não demorou muito para um dos homens ser identificado. A princípio, Chris Reichert negou que fosse ele, mas, cerca de uma semana depois, admitiu que foi ele quem jogou o dinheiro em Letcher.

A meu ver, o mais interessante nem foi o conteúdo do vídeo, mas o que Reichert disse sobre o incidente, algumas semanas depois. Afinal, não faltam, na internet, vídeos de pessoas beligerantes, hostis e agressivas tratando mal outras pessoas. Em geral, a pessoa com raiva não é identificada, de modo que não sabemos muito sobre o ocorrido, sobre o comportamento normal da pessoa ou sobre seus valores. Nesse caso, contudo, Reichert falou sobre o que fez e explicou por que o fez.

"Eu surtei. Eu simplesmente surtei. Não tenho outra explicação para o que aconteceu. Ele tinha todo o direito de estar lá com aquela placa, e algumas pessoas podem dizer que eu também estava no meu direito, mas o que fiz foi vergonhoso. Não consigo dormir desde aquele dia." Ele ainda disse: "Eu nunca tinha ido a uma manifestação política e nunca mais irei a outra!".

Poderíamos ter uma longa conversa analisando se esse pedido de desculpas foi sincero ou se não passou de uma tentativa de minimizar os danos à imagem dele. Ele foi alvo de muitas críticas e, em outras entrevistas, contou que estava sendo ameaçado. Eu diria que o pedido de desculpas foi um pouco sincero e serviu, em alguma medida, para controlar os danos. No entanto, a meu ver, o mais interessante foi ele ter assumido que o contexto do protesto político foi o que trouxe à tona sua raiva. A explicação dele, independentemente de o pedido de desculpas ter sido sincero ou não, revela uma verdade simples sobre a raiva: ela pode ser contagiosa.

ESTUDO DE CASO: SARAH
"Era uma raiva desenfreada"

Sarah é diretora artística de um teatro comunitário com capacidade para acomodar 2 mil pessoas sentadas. Como ocorreu em quase todos os outros teatros dos Estados Unidos (e do mundo), as atividades desse local foram interrompidas em março de 2020 em consequência da pandemia da Covid-19. Foi uma experiência emocionalmente difícil para ela e sua equipe. Sarah me disse que escolheu essa carreira para levar alegria às pessoas. Ela e a equipe levam o trabalho a sério não apenas porque adoram a arte, mas também porque sabem de seu valor para a comunidade.

Sarah me disse: "Nosso objetivo é sempre proporcionar a melhor experiência para o público, porque sabemos que o ato de se conectar com um artista ao vivo no palco tem impacto positivo no bem-estar das pessoas e que, ao mesmo tempo, cada elemento da plateia também está se conectando com a plateia toda. Gosto de citar um estudo que afirma que os batimentos cardíacos da plateia são sincronizados durante uma apresentação. O que acontece aqui é muito real e muito especial para nós, e é por isso que escolhemos trabalhar no setor. Queremos fazer tudo que pudermos para garantir que todos tenham essa experiência."

Dá para imaginar que deve ter sido devastador para Sarah ter de fechar as portas do teatro. Assim que ficou claro que o *lockdown* levaria meses, Sarah disse à equipe: "Pensem em como vamos ficar felizes e como vamos comemorar quando sairmos desta situação, quando, enfim, pudermos voltar a receber as pessoas em nosso teatro, e em como a nossa comunidade estará precisando desesperadamente do que fazemos!".

Eles reabriram para a primeira apresentação em setembro de 2021, 18 meses depois, mas não foi um evento festivo. Aquele teatro, como muitos outros, exigia o uso de máscaras para evitar a propagação da Covid-19. Sarah disse que foi àquela primeira apresentação esperando encontrar alguns clientes raivosos. Àquela altura, ouvira falar de teatros de outras comunidades nos quais as pessoas não reagiram bem às exigências de usar máscara; então, preparou a equipe para possíveis altercações. Instruiu as pessoas da equipe para que tentassem evitar confrontos, que fizessem os clientes se lembrar da importância de usar máscara, lhes oferecessem uma máscara quando necessário e não insistissem em convencer as pessoas. Os funcionários foram instruídos para, caso um cliente se recusasse a obedecer, encaminhá-lo a um supervisor ou a Sarah. O objetivo era proporcionar uma experiência positiva, amistosa e agradável para todos.

A primeira apresentação era um programa familiar para crianças pequenas, de 2 a 5 anos. "Logo ficou claro que não seria apenas um cliente com raiva", disse ela. "Já tive clientes que não gostaram de alguma coisa e exigiram o dinheiro de volta. Ou que não gostaram de uma interação com um recepcionista ou algo assim. Mas... era uma raiva desenfreada. Para você ter uma ideia, vi uma mãe com o filhinho de três anos, o rosto da mãe estava a centímetros do rosto de uma voluntária, uma voluntária de 75 anos, e a mãe gritava a plenos pulmões, chamando a voluntária de assassina de bebês porque ela tinha oferecido uma máscara para a criança!".

Entretanto, Sarah também expressou muita empatia por alguns clientes. "Também vi mães desalentadas tentando fazer os filhos usarem máscara. Não foi fácil. Eu tinha muita compaixão por aqueles pais. Tenho memórias muito vívidas de mães prostradas, aos prantos. Os filhos não eram obrigados a usar máscara em nenhum outro lugar de nossa comunidade. Os pais esperavam ter um dia especial com os filhos depois de um ano e meio muito difícil para todos."

Sarah decidiu receber as pessoas do lado de fora do teatro para acalmar um pouco os ânimos antes de chegarem às portas. Disse que a entrada estava ficando um pouco congestionada, então, pensou em alertar a todos sobre a necessidade de usar máscara. Os clientes já haviam sido informados disso ao comprar os ingressos e receberam um lembrete antes do dia do espetáculo, por isso, não deveria ser uma surpresa. "Eu estava tentando absorver parte do baque para poupar nosso pessoal da ira das pessoas." Uma das interações mais memoráveis que ela teve foi quando uma família chegou sem máscara e ela a informou de que havia máscaras disponíveis no teatro, caso precisassem. "A mulher virou-se para o marido e disse: 'Eu não falei que isso ia acontecer?'." O marido respondeu gritando, não necessariamente para Sarah, mas para quem estivesse lá para ouvir: "Que se dane!".

Sarah seguiu a família enquanto esta se dirigia para a entrada porque a raiva das pessoas era "muito expressiva". "Eles estavam falando muito alto, de propósito, para todo mundo ouvir." Isso se repetiu várias vezes naquele dia. "Parecia performático. Não estou dizendo que estavam fingindo ou que não estivessem sentindo algum tipo de raiva, mas ficou claro que estavam se esforçando para garantir que todo mundo estivesse vendo e ouvindo. Tinha um quê de perigo naquela atitude. Dava para ver que as pessoas estavam fazendo cena na esperança de incitar mais gente a expressar a raiva."

Ela viu um voluntário se aproximando dele e interveio, convidando-o para sair e conversar, "sobretudo porque havia muitas crianças por perto". Ela sugeriu que ele fosse embora e que a esposa ficasse para ver o espetáculo com as crianças. "Ele acabou colocando a máscara, mas, antes, fez questão de me chamar de tudo o que é nome. Nunca na minha vida alguém tinha me chamado daquelas coisas antes. Na verdade, me xingaram muito naquele dia, ouvi palavras muito fortes."

Aquele pai não foi a pessoa mais problemática com quem Sarah precisou lidar naquele dia. Outro homem pareceu tão perigoso que eles acabaram chamando a polícia. "Ele fez questão de tirar a máscara para todo mundo ver, zombando dos funcionários." Várias pessoas procuraram Sarah dizendo que estavam preocupadas com ele. Quando a polícia chegou e perguntou a Sarah o que ela achava que os policiais deveriam fazer, Sarah respondeu: "Não vou pedir para vocês expulsarem esse homem de um teatro cheio de crianças, inclusive porque os filhos dele também estão aqui!". O espetáculo estava quase no fim, então eles decidiram apenas ficar de olho.

O problema era que haveria um evento especial depois do espetáculo para as pessoas poderem conversar com os artistas. Ficou claro que aquele homem estava planejando participar do evento e que não iria embora tão cedo. Sarah pediu à polícia que o convidasse para esperar do lado de fora. Ele foi escoltado para fora, mas ficou olhando, pela janela, de um jeito furioso para Sarah e os outros funcionários. Ela o comparou a um animal enjaulado, andando de um lado para o outro, como um tigre em um zoológico. Ela começou a questionar se seria seguro sair do prédio no fim do evento ou se precisaria pedir que a polícia a acompanhasse até o carro.

No fim, deu tudo certo. Ela e a equipe tiveram muitas conversas sobre o que deveriam fazer de modo diferente da próxima vez, e se perguntaram até se deveriam continuar tentando. Ela também chorou muito. Disse que chegou a pensar que "ninguém tinha a obrigação de ter ido". "Oferecemos um reembolso total." Se as pessoas não queriam usar máscara, poderiam simplesmente ter ido embora. Mas ela também me disse, demonstrando enorme empatia: "Acho que as expectativas deles até faziam certo sentido!". As exigências de usar máscara não estavam se fazendo cumprir em outros locais da comunidade. "Muitos lugares exigiam o uso de máscara, mas acabavam não impondo esse requisito." Os frequentadores do teatro de Sarah sabiam que deveriam usar máscara, mas presumiram que, como em tantos outros lugares, isso não seria exigido.

Contágio emocional

A história de Sarah é intrigante, e voltaremos a ela ao longo deste livro. No entanto, o que acho mais fascinante no contexto deste capítulo é o fato de as pessoas estarem fazendo de tudo para *tentar* instigar a raiva dos outros. A Covid não era a única coisa contagiosa naquele dia; a raiva das pessoas também era, e, embora nem todos quisessem espalhar o vírus, muitos estavam se empenhando para tentar espalhar a raiva.

Mais de uma década atrás, eu e alguns alunos trabalhamos em um projeto relacionado justamente a esse tópico.[34] Apresentamos aos participantes algumas histórias, breves estudos de caso, descrevendo uma situação emocional. Os participantes foram instigados a imaginar que celebrariam uma ocasião especial em um bom restaurante. Eles tinham feito a reserva com bastante antecedência, mas, quando chegaram ao restaurante, deram de cara com uma longa fila de espera. Quando a pessoa na frente deles na fila falou com o maître, foi informada de que sua reserva havia sido perdida. A pessoa reagia com uma de duas emoções (dependendo da versão da história) – tristeza ou raiva –, chorando ou gritando e afirmando que o restaurante havia arruinado sua noite. A pessoa se afastava evidentemente furiosa ou triste. A história terminava com o participante sendo informado pelo maître que sua reserva também havia sido perdida.

Em seguida, pedimos aos participantes que indicassem o quanto ficariam com raiva, tristes, assustados ou felizes se isso acontecesse com eles. Como seria de esperar, ninguém disse que ficaria feliz, e poucos disseram que sentiriam medo. No entanto, constatamos que o nível de raiva ou tristeza dependia, em parte, de a pessoa na frente deles na fila ter ficado com raiva ou triste. Os participantes que tiveram uma pessoa com raiva na sua frente na fila ficaram com mais raiva. Os participantes que tiveram uma pessoa triste na sua frente na fila ficaram mais tristes. Eles basicamente usaram a emoção da pessoa à sua frente como um indicador de como deveriam se sentir naquela situação. É como uma variação da referenciação social que vimos no capítulo anterior. Observamos as pessoas ao nosso redor, conscientemente ou não, para saber como devemos nos sentir em um determinado momento.

UMA CURIOSIDADE SOBRE A RAIVA

A injustiça costuma provocar mais raiva do que ter seus objetivos bloqueados, de acordo com uma pesquisa conduzida pelo The Anger Project.[35]

Não é por acaso que isso acontece, e isso tem raízes na nossa história evolutiva. Em um grupo de pessoas, é vantajoso para nós sentirmos o que elas estão sentindo e agir coerentemente. Nossos ancestrais, humanos e não humanos, se beneficiaram desse tipo de contágio emocional. Se as pessoas ao meu redor estão com medo, é sinal de que deve haver uma ameaça concreta à nossa segurança; então, eu também fico com medo. Se as pessoas ao meu redor estão com raiva, podemos ter sido injustiçados ou maltratados; então, eu sinto que também devo ficar com raiva. Como nossas emoções são motivadores que nos encorajam a nos proteger, fugindo ou lutando, esses sinais emocionais que observo nas pessoas têm o potencial de salvar minha vida.

O contágio emocional é um fenômeno muito estudado, com pesquisas que o associam a tudo, desde o aumento da empatia até o *burnout* no trabalho. É relevante para interações individuais, dinâmicas de pequenos grupos no trabalho, encontro com amigos, parentes e eventos maiores, como manifestações, passeatas e motins. Basicamente, ver uma pessoa sorrindo nos motiva a sorrir e ver uma pessoa carrancuda nos motiva a fechar a cara. Em 1998, Ulf Dimberg e Monika Thunberg[36] realizaram três estudos nos quais mostraram aos participantes fotos de rostos alegres ou com raiva e avaliaram suas reações, medindo a ativação muscular do rosto dos participantes. Os pesquisadores afixaram eletrodos a grupos musculares específicos e descobriram que ver fotos de rostos alegres ou raivosos levava à ativação dos músculos faciais que espelhavam as fotos. Rostos alegres levavam a sorrisos; rostos zangados levavam a caras fechadas.

Epinefrina, euforia e raiva

Dois pesquisadores, Stanley Schachter e Jerome Singer, fizeram um estudo fascinante[37] para investigar esse fenômeno em 1962. Eles recrutaram pessoas para participar de um estudo que eles afirmaram ter o objetivo de investigar o impacto das vitaminas sobre a visão. Aplicaram injeções em todos os participantes. Metade deles recebeu epinefrina (adrenalina) e a outra metade recebeu placebo. Por fim, todos os participantes foram informados de que as injeções eram suplementos vitamínicos. A dose de epinefrina usada forneceria, como os pesquisadores descreveram no artigo, "uma reprodução quase perfeita de uma descarga do sistema nervoso simpático" (por exemplo, uma ligeira elevação da frequência cardíaca, da pressão arterial e da respiração começaria cerca de 5 minutos após a injeção e teria duração de cerca de 20 minutos).

Os participantes foram divididos em três grupos, de acordo com as informações que receberam sobre a injeção: (1) foram informados do que aconteceria em consequência da injeção; (2) não receberam nenhuma informação sobre o que aconteceria; e (3) receberam informações incorretas sobre os efeitos da injeção. Depois disso, um "ator" entrava na sala. Era, na verdade, um integrante da equipe de pesquisa fingindo ser um participante. O participante e o ator foram instruídos a esperar 20 minutos antes de fazer o teste de visão. Enquanto esperavam, o ator se comportava de uma entre duas maneiras, fornecendo mais uma variável para o estudo: com raiva ou euforia.*

---

* Acho esse estudo absolutamente fascinante, e ele embasou grande parte do meu trabalho. Consciente disso, eu provavelmente não chamaria a condição positiva de "eufórica". Talvez... "ligeiramente alegre"?

Na condição eufórica, o ator era brincalhão e divertido. Desenhava em uma folha de papel, usava a lata de lixo para jogar basquete com o papel amassado e incentivava o outro participante a entrar na brincadeira. Fazia aviões de papel, brincava com um bambolê e dizia coisas como "parece que voltei à infância".* Na condição de raiva, o ator e o participante recebiam questionários para responder. O ator ficava mal-humorado, reclamava da duração da pesquisa e se irritava com algumas perguntas. O questionário fora elaborado para ser irritante, com perguntas como "Com quantos homens (além de seu pai) sua mãe teve relações extraconjugais?".

Desse modo, o estudo envolveu três variáveis independentes: epinefrina ou placebo (dois níveis), informações sobre a injeção (três níveis), e raiva ou euforia (dois níveis), totalizando 18 categorias de pesquisa diferentes. O que os pesquisadores queriam analisar não era a visão, como os participantes haviam sido informados, mas a alegria ou a raiva que os participantes sentiam ao longo do estudo. Essas emoções foram medidas por meio de observações do comportamento dos participantes e de um questionário no final do estudo.

Se você fosse um participante desse estudo, teria sido exposto a diferentes fontes de informação. Você está tendo uma reação fisiológica à epinefrina? Você recebeu as informações corretas de como seria a reação? O outro participante (o ator) está com raiva ou feliz? Para mim, o mais interessante foi o grupo que recebeu a injeção sem ter sido informado dos efeitos. Seria de esperar que esse grupo tivesse mais chances de espelhar as emoções do ator. Eles tiveram uma resposta fisiológica leve, semelhante à emoção, e não esperavam por isso. Para justificar essa reação, eles poderiam se voltar ao ambiente. E foi o que aconteceu. Os participantes que não receberam informações ou que receberam informações incorretas sobre como seu corpo reagiria à injeção tiveram mais chances de ficar felizes quando o ator se mostrou feliz e

---

* Soa como um estado de euforia, não é mesmo?

com raiva quando o ator demonstrou sentir raiva. Na condição eufórica, eles entraram nas brincadeiras do ator e até inventaram novas atividades divertidas. Além disso, afirmaram ser mais felizes em uma escala de autoavaliação. No caso da raiva, os resultados foram semelhantes. Os participantes que não foram informados do impacto da injeção ficaram com raiva, como o ator.

Gosto de pensar nesse estudo em termos da história de Sarah, que vimos há pouco. É claro que nenhum frequentador do teatro recebeu uma injeção de epinefrina naquele dia, mas as pessoas, sem dúvida, ficaram mais tensas e ansiosas por estarem em um lugar público fechado. Talvez muitas tenham tido uma reação fisiológica semelhante a uma injeção de epinefrina pelo simples fato de estar em um lugar lotado depois de tanto tempo em isolamento social. Será que elas sabiam disso, ou atribuíram o nervosismo à frustração com o que consideraram ser exigências injustas de usar uma máscara? Será que foram contagiadas pela raiva dos outros frequentadores do teatro[*] da mesma forma como os participantes do estudo foram contagiados pela raiva do ator?

DICA

Quando você estiver com raiva ou perto de alguém com raiva, preste atenção às coisas que estão acontecendo ao seu redor, inclusive coisas que podem parecer irrelevantes, mas que podem estar influenciando essa raiva.

Uma última descoberta interessante, porém inesperada, do estudo foi que alguns participantes que não receberam informações ou os que receberam informações incorretas sobre os efeitos da injeção ainda atribuíram seu estado fisiológico à injeção. No questionário, eles alegaram presumir que a elevação da frequência cardíaca tinha sido resultado

---

[*] A natureza "performática" da raiva das pessoas, como Sarah descreveu, dá a impressão de que elas estavam agindo *intencionalmente*, como o ator do experimento.

da injeção. Os pesquisadores codificaram esse grupo como "autoinformado" para separar seus dados das informações dos outros participantes e analisar o impacto dessa atribuição. Com isso, eles descobriram que esse grupo ficou com menos raiva e menos eufórico que os outros participantes, e isso basicamente incluiu mais um dado para sustentar a ideia de que buscamos sinais emocionais em nosso ambiente.

Nosso ambiente faz muita diferença

Tudo isso tem uma série de implicações para as pessoas com raiva que fazem parte de sua vida. Saiba que o humor das pessoas ao seu redor afeta você na mesma medida em que elas também são afetadas por você. Em qualquer situação, o seu humor afeta pensamentos, sentimentos e comportamentos das pessoas. Seu parceiro, seus colegas, seus amigos, seus filhos – todas essas pessoas, sem saber – baseiam seus sentimentos nas emoções dos outros, e o que você está sentindo em um determinado momento quando está por perto faz parte da experiência emocional delas.

As emoções dos outros não são os únicos fatores que as pessoas podem usar sem perceber para saber o que sentir. Muitas pesquisas apontam para alguns fatores que, em geral, não percebemos. Por exemplo:

1. Demonstrou-se que a cor vermelha aumenta a probabilidade de as pessoas perceberem expressões faciais de raiva.[38]
2. As pessoas foram mais propensas a ser agressivas na internet quando acreditavam ter seu anonimato garantido.[39]
3. Temperaturas externas desconfortáveis estão associadas ao aumento do discurso de ódio na internet.[40]

Não precisamos tentar identificar todo e qualquer fator ambiental que possa causar a raiva. Isso seria impossível. A questão é que devemos nos conscientizar da ocorrência de fatores ambientais em qualquer situação (como o nível de ruído, a hora do dia) que podem contribuir para a raiva da pessoa.

Outro fato para o qual devemos nos atentar a respeito do contágio emocional é que as pessoas com raiva influenciam o humor das pessoas ao redor. A hostilidade que Sarah presenciou e sentiu no teatro naquele dia foi um exemplo preocupante não apenas de como a raiva pode se espalhar, mas também de como pode ser espalhada de modo intencional. O que achei mais assustador na minha conversa com Sarah foi a maneira como ela descreveu a raiva "performática" naquela ocasião. Alguns clientes raivosos se esforçaram de modo intencional para enfurecer os outros e envolvê-los em um frenesi de raiva. Eles queriam que os outros também ficassem com raiva, pois esperavam que isso os ajudasse a conseguir o que almejavam. O contágio emocional foi usado como uma ferramenta.

"Não é um grupo pró-social"

Depois de minha conversa com Sarah, fiquei pensando se ela estava mesmo lidando com pessoas com raiva naquele dia, ou se estava lidando com uma horda enfurecida. Essa fronteira nem sempre é clara. Cerca de quatro anos atrás, conversei com Lori Rosenthal, uma psicóloga social que escreveu um capítulo sobre a violência em hordas para o livro *The Psychology of Good and Evil* [41] ("A psicologia do bem e do mal", em tradução livre), exatamente sobre essa questão. Eu queria descobrir em que ponto um grupo de pessoas se transforma de uma multidão em uma horda. O que distingue os dois comportamentos não é apenas a raiva. Multidões podem ficar com raiva em eventos esportivos. Isso também pode acontecer em protestos pacíficos.*

A doutora Rosenthal elucidou essa questão quando disse "Uma horda é um tipo muito específico de multidão. É uma multidão expressiva, vocal. O objetivo que as pessoas têm em comum para se reunir

---

*   Vale lembrar que a raiva é apenas o sentimento, não a ação. Uma pessoa pode ficar com raiva em um protesto sem ser agressiva ou violenta. Na verdade, se ela está em um protesto, provavelmente está com raiva de alguma coisa.

em uma multidão é expressar suas emoções. As multidões podem expressar emoções de forma positiva, mas as hordas expressam emoções de forma negativa, e há nelas uma conotação de violência... pode ser uma intenção de cometer atos de violência, uma oportunidade de cometer atos de violência ou até os próprios atos de violência em si. Uma horda não é um grupo pró-social".[*]

Os frequentadores do teatro comunitário de Sarah não se reuniram naquele dia para expressar raiva e violência. Estavam lá para ver uma peça de teatro. No entanto, a maneira como trataram os funcionários, a forma como incitaram uns aos outros e o fato de a violência parecer uma possibilidade real para Sarah e sua equipe eclipsaram todo o restante. O objetivo deles ao ir ao teatro naquele dia era irrelevante. O que importa é como eles se sentiram e como agiram quando chegaram lá.

A doutora Rosenthal disse outra coisa muito interessante que também considero relevante aqui: "Em geral, em termos de pesquisa histórica sobre o comportamento social, definimos uma multidão em termos de proximidade física, mas acredito que, na sociedade atual, com nossas conexões nas mídias sociais, nada impede de haver uma multidão no mundo virtual". Eu diria que, se uma multidão pode existir na internet, uma horda também pode.

Vejamos o exemplo de Justine Sacco, que, em 2013, tuitou uma piada de mau gosto sobre a aids pouco antes de embarcar em um voo para a África do Sul. Ela tinha menos de 200 seguidores no Twitter na ocasião, mas, durante as 11 horas em que passou no avião, seu tuíte foi visto e compartilhado por veículos de comunicação e ela se tornou o

---

[*] Seria fácil nos perder na toca do coelho de acordo com a forma como definimos a violência. Os manifestantes anti-ACA queriam impedir uma importante reforma do sistema de saúde nos Estados Unidos. Milhões de americanos morrem todos os anos por não ter como custear tratamentos e remédios; por isso, embora provavelmente não pensassem nesses termos, eles estavam defendendo a morte de milhões de pessoas. Será que isso não se enquadra no conceito de violência?

centro de uma enorme tempestade na internet. Durante o voo, ela não fazia ideia do que estava acontecendo. Ela não teve como se desculpar nem como deletar o tuíte. Durante as horas que ela passou sem conexão, uma horda se formou na internet em torno de seu tuíte ofensivo e racista. As pessoas a insultaram sem dó nem piedade (incluindo muitas calúnias); algumas exigiram que ela fosse demitida (o que de fato aconteceu) e outras disseram que desejavam que ela contraísse aids. Um usuário do Twitter chegou a reconhecer que uma horda havia se formado e postou uma imagem de uma horda composta de personagens dos Simpsons empunhando tochas.

Assim que acessou a internet e viu o que estava acontecendo, ela deletou o tuíte e excluiu suas contas do Twitter, do Facebook e do Instagram. Ela emitiu um pedido de desculpas no dia seguinte.[42] Essa história é contada com maestria por Jon Ronson em seu TED Talk intitulado "Quando a espiral de humilhações on-line sai do controle".[43]

Quando um grupo de pessoas se reúne na internet com a intenção de expressar raiva e/ou prejudicar alguém, estamos lidando com uma horda on-line. A raiva é mais que apenas uma emoção comum na internet; algumas pesquisas levaram à descoberta de que é a emoção mais viral da internet. As pessoas têm mais chances de compartilhar posts raivosos do que tristes, assustadores, nojentos ou animados.[44] Os efeitos contagiosos da raiva são sentidos em todas as esferas da vida.

Por fim, vale observar um exemplo tocante e positivo de contágio emocional oculto na história de Sarah sobre a reabertura do teatro. A pesquisa que ela compartilhou comigo sobre a sincronização dos batimentos cardíacos[45] é um exemplo de como o poder do contágio emocional pode ser usado para o bem. Quando as pessoas se reúnem para um propósito em comum e esse propósito inclui compartilhar uma experiência emocional positiva, isso pode ser profundamente tocante. Pode até nos ajudar a superar barreiras muito concretas entre as pessoas.

EXERCÍCIO: FATORES EXTERNOS

Pense na pessoa com raiva que faz parte da sua vida. Então, pense em um momento específico no qual essa pessoa ficou furiosa (com você ou com alguma outra pessoa quando você estava por perto).

1. De que maneira as atitudes e as emoções das pessoas que estavam por perto contribuíram para a raiva da pessoa naquele momento?
2. Quais outros aspectos do ambiente podem ter contribuído para a raiva da pessoa naquele momento?
3. Esses fatores ambientais influenciaram a maneira como a pessoa interpretou o gatilho que provocou a raiva?

Negatividade habitual e consistente

Apesar de o estudo de Schachter e Singer dizer muito sobre o contágio emocional, também diz muito sobre o papel da interpretação. Quando as pessoas desconheciam a fonte de sua excitação fisiológica, elas buscaram uma interpretação que fizesse sentido para elas. Usaram toda informação que tinham, precisa ou imprecisa, para *decidir* como deveriam se sentir. Seus sentimentos foram influenciados não apenas pelas pessoas e pela situação, mas também pela interpretação das pessoas e da situação.

Até agora, falamos sobre os fatores que contribuem para as experiências e as expressões de pessoas com raiva, mas ainda não abordamos o que acredito ser o mais importante: a visão de mundo da pessoa com raiva. Porque, apesar dos fatores genéticos, neurológicos, de desenvolvimento e ambientais, o melhor indicador de uma pessoa com raiva é sua visão de mundo. A maneira como essa pessoa vê o mundo e as outras pessoas e como interpreta as circunstâncias é o que mais importa. Uma das coisas que sabemos é que algumas pessoas veem, de maneira habitual e consistente, as circunstâncias de uma forma que as deixa com raiva.

CAPÍTULO 5

As visões de mundo das pessoas com raiva

Conclusões baseadas em premissas falsas

Podemos aprender muito sobre o sistema de crenças de uma pessoa simplesmente prestando atenção no que ela diz quando está com raiva, triste ou com medo. Situações que causam esses sentimentos, muitas vezes, trazem à tona afirmações rápidas e automáticas que podem revelar como a pessoa se vê, como vê os outros e como percebe a própria capacidade de lidar com a situação. Por exemplo, uma pessoa enraivecida pode dizer coisas como:

- As pessoas deveriam apenas...
- Ele fez isso porque...
- É sempre assim...
- Agora já era. Está tudo arruinado...

Frases como essas são o que Aaron Beck, um brilhante e prolífico psiquiatra, autor e pesquisador, descreveu como pensamento automático, e ele acreditava que essas frases proporcionavam importantes sinais que revelavam como as pessoas veem a si mesmas e aos outros. Ele também via esses pensamentos como evidências da maior causa de sofrimento psicológico para a pessoa. Tanto que, em 1986, ele afirmou que "a maioria dos problemas psicológicos tem raízes em avaliações incorretas das tensões da vida, em pensamentos com base em suposições falsas e em conclusões precipitadas".[46]

É difícil colocar em palavras o tamanho da influência de Beck nos campos da psicologia e da psiquiatria. Ele não apenas foi prolífico, tendo publicado mais de 20 livros, incontáveis artigos e capítulos de livros, como também criou alguns testes psicológicos. Também abriu o caminho para uma nova abordagem a fim de aprofundar o conhecimento sobre a saúde mental. Para citar um artigo do *The New York Times* publicado após sua morte, em 2021, sobre sua metodologia: "foi uma resposta à análise freudiana; uma abordagem pragmática de monitoramento dos pensamentos para tratar a ansiedade, a depressão e os outros transtornos mentais que revolucionou a psiquiatria".

O mais fascinante na abordagem de Beck, contudo, é a forma como ele a desenvolveu. Ele estudou a teoria psicodinâmica e foi um psicanalista que usou técnicas terapêuticas enraizadas no pensamento freudiano. Essas técnicas podem incluir coisas como interpretação de sonhos, livre associação ou outras estratégias destinadas a revelar os desejos, os pensamentos e as memórias inconscientes dos pacientes. No entanto, com o tempo, ele começou a se incomodar com essa abordagem terapêutica e passou a acreditar que lhe faltavam rigor e bases científicas.

A nova abordagem de tratamento criada por Beck evoluiu a partir de seu trabalho psicodinâmico com pacientes deprimidos. Ele percebeu que esses pacientes costumavam fazer comentários depreciativos sobre si mesmos. Eles diziam coisas como "sou um inútil mesmo", "ninguém gosta de mim" ou "não tem jeito". Mais tarde, ele rotulou esses "pensamentos automáticos" e os descreveu como os pensamentos que as pessoas têm, muitas vezes, sem perceber, que influenciam seus sentimentos e comportamentos. Embora grande parte de seu trabalho, sobretudo no início, se concentrasse em pacientes deprimidos, ele se voltou a outras formas de sofrimento emocional e chegou a escrever um livro sobre raiva, hostilidade e violência, em 1999.[47] Nesse livro, ele descreveu pensamentos comuns de pessoas com raiva que, do ponto de vista dele, incluíam egocentrismo, tendências a hipergeneralização e crenças rígidas a respeito de como as coisas deveriam ser. Beck foi muito influente no campo da psicologia; por isso, mais adiante neste capítulo, usarei muitos dos tipos de pensamento descritos por ele.

ESTUDO DE CASO: EPHRAIM
"Quando percebo que alguém acha que sabe mais do que eu..."

Ephraim é um bibliotecário de 30 anos que mora e trabalha em Nova York. Ele se descreve como uma "pessoa com raiva" do tipo pavio curto. Afirma que a raiva "começa intensa, às vezes, do nada, e passa rápido". Ele adora trabalhar na biblioteca, embora nem sempre goste de interagir com as pessoas e se frustre facilmente com os clientes. A noiva, com quem ele mora, é quem mais presencia sua raiva. Eles conversam bastante a respeito disso. Ele está trabalhando nisso com o terapeuta e disse que, além de falar sobre a raiva, eles também abordam "os sentimentos que tenho sobre a minha raiva".

"Sempre tive muita raiva, desde a infância. Só percebi isso quando cresci e foi tipo... Eu era uma pessoa horrível. A raiva me consumia, e eu acabava sendo uma pessoa terrível." Quando explode, ele levanta a voz, chegando ao ponto de gritar. Ele afirma que essa sensação chega a ser física. Ele sente a raiva em todo o corpo. Na descrição dele, "a sensação é de uma pressão se acumulando, e o único jeito de liberar essa tensão é explodindo". Ele admite que nunca intencionou explodir e que perder o controle não é uma forma intencional de liberar a tensão. Apenas acontece. No relacionamento com a noiva, ele percebe que está com raiva quando sente que ela está com medo dele. Quando ela se encolhe de medo, ele consegue compreender que sua raiva deve ser muito intimidadora.

As situações que o fazem explodir dizem muito sobre os pensamentos que conduzem à raiva. Ele identificou dois tipos de situações que se sobrepõem e tendem a despertar a raiva: (1) quando se sente incompreendido e (2) quando é interrompido. O segundo tipo é um pouco mais fácil de entender. Ele me contou que tem transtorno de déficit de atenção e hiperatividade (TDAH) e que se frustra quando está tentando se concentrar e é interrompido. Isso acontece muito no trabalho, e ele admite que é estranho, considerando que sua função na biblioteca é ajudar as pessoas. Entretanto, quando alguém o interrompe para pedir ajuda, ele se irrita porque está tentando fazer alguma outra coisa e precisa largar o que está fazendo para atender o cliente. Sentir-se incompreendido, contudo, é uma experiência psicológica muito mais complexa. "É quando percebo que alguém acha que sabe mais do que eu. Fico absolutamente furioso", ele explica. "Não importa se a pessoa acha mesmo que sabe mais do que eu, mas, se desconfio que a pessoa acha que poderia fazer alguma coisa melhor do que eu, fico possesso." Além disso, como ele me contou, "quando vejo que a pessoa não está entendendo o que estou dizendo, surge outro gatilho para mim". Ele disse que isso acontece muito quando está com a noiva, mas também acontece no trabalho.

No centro dessas explosões de raiva há um sentimento de não ser valorizado. Quando alguém o interrompe, ele deduz que a pessoa não valoriza seu tempo, seus objetivos ou o que ele está fazendo. Quando alguém discorda dele, ou se ele apenas achar que uma pessoa pode estar discordando dele, ele conclui que a pessoa o considera burro ou incapaz. Perguntei se ele sabia de onde vinha essa grande necessidade de se sentir valorizado. Ele riu e disse: "Acho que você não vai ficar chocado, mas minha mãe é muito controladora, ela controlava tudo que eu fazia... tudo que eu dizia, vestia e sentia quando eu era criança. Nunca tive permissão de fazer o que eu queria nem de vivenciar meus próprios sentimentos". Ele contou que cresceu sentindo que nada do que vinha dele – suas opiniões, seu tempo, seus desejos – era valorizado. Disse que grande parte de sua raiva na infância era dirigida à mãe. "A gente brigava aos berros", ele me contou. Hoje, ele percebe que os dois são ansiosos e que isso piorou as coisas.

Ephraim está trabalhando nisso na terapia e aprendeu algumas estratégias para lidar com a raiva. A estratégia mais importante para ele é a comunicação saudável. Quando está com raiva, tenta informar ao interlocutor que precisa de um tempo para colocar os pensamentos no lugar antes de dizer alguma coisa. Quando sabe que a conversa vai ser difícil, em vez de falar pessoalmente, começa pelo WhatsApp, para ter tempo de organizar os pensamentos e processar o diálogo. Segundo ele, essa técnica ajudou muito a melhorar o relacionamento com a mãe.

Isso tudo tem a ver com o que ele espera das pessoas com quem interage. "Preciso que as pessoas me deem um tempo", explicou. "Se a situação começa a escalar e eu não respondo na hora, preciso que as pessoas não me pressionem." Ele sabe que as pessoas podem se sentir ignoradas quando ele dá esse tempo, mas afirma que não é esse o caso. Está apenas tentando organizar os sentimentos e pensamentos. Ele e o chefe chegaram a pensar em estratégias para que ele pudesse tirar esse tempo mesmo quando estivesse atendendo um cliente, dizendo algo como "Entendi. Eu já vou!", de forma gentil, informando que ele logo atenderia a solicitação do cliente e dando-lhe o tempo de que precisa para se recompor e parar o que está fazendo em um ponto que facilite retomar o trabalho depois.

As visões de mundo que levam à raiva

Ephraim nos dá um exemplo interessante de como nossa visão de mundo pode levar a pensamentos automáticos que, por sua vez, conduzem à raiva. Nesse caso específico, parece que ele tem uma crença arraigada de que *ninguém o entende*. Ele entra nas situações com essa visão de mundo, e isso molda a maneira como interpreta as interações a cada momento da vida. Essa visão de mundo afeta todas as experiências dele. Ephraim pode até ser incompreendido por uma ou outra pessoa. Não estou dizendo que as visões de mundo de Ephraim ou de qualquer pessoa sejam incorretas ou equivocadas. No entanto, não passam de filtros que influenciam a forma como vivenciamos as situações.

Beck definiu essas visões de mundo em termos de esquemas cognitivos e descreveu o que chamou de "tríade cognitiva", que inclui esquemas sobre a própria pessoa, sobre as outras pessoas e sobre o futuro. Segundo Beck, esses são os três elementos cruciais do sistema de crenças de uma pessoa. Por exemplo, uma pessoa deprimida pode ter uma perspectiva assim:

- Sobre si mesma: "Sou incapaz. Sou um fracasso. Sou inútil."
- Sobre o mundo/o ambiente: "Ninguém gosta de mim. Todo mundo é melhor que eu. Ninguém se importa comigo."
- Sobre o futuro: "Nada de bom me aguarda no futuro. As coisas nunca vão melhorar. As coisas só vão piorar."

Por outro lado, uma pessoa com raiva pode ter uma tríade cognitiva mais ou menos assim:

- Sobre si mesma: "Tenho direito a determinadas coisas. Meus desejos são mais importantes que os dos outros."
- Sobre o mundo/o ambiente: "As pessoas vão me deixar na mão. As pessoas só atrapalham. O mundo é injusto."
- Sobre o futuro: "Nada de bom me aguarda no futuro. As pessoas nunca vão parar de dificultar a minha vida."

O que isso significa é que essas duas pessoas, a deprimida e a raivosa, podem passar exatamente pela mesma situação, mas vê-la através de lentes totalmente diferentes e ter reações emocionais diametralmente opostas.

> **DICA**
>
> Encontrar nuances nas situações ou nas motivações dos outros para não pensar nelas como totalmente negativas pode ajudar as pessoas com raiva a se acalmar.

Imagine, por exemplo, que essas duas pessoas sejam estudantes que não passaram em uma prova. A pessoa com uma visão de mundo deprimida pode olhar para essa experiência e pensar: "É claro que eu tirei essa nota baixa. Sempre fui burro e o professor sabe disso. Agora vou reprovar no curso inteiro!". Já a pessoa raivosa pode externalizar a causa e pensar: "Esse professor não sabe de nada. Reprovei porque a prova foi injusta e ele não sabe ensinar!". Curiosamente, os dois podem chegar à mesma conclusão, de que serão reprovados no curso, mas por razões muito diferentes. O primeiro acha que será reprovado porque acredita que não tem o que é necessário para obter sucesso. O segundo acha que será reprovado porque acredita que o professor é ruim.

Três categorias amplas e sobrepostas de pensamentos

Quando se trata dos pensamentos automáticos das pessoas com raiva, três categorias amplas e sobrepostas tendem a causar, ou pelo menos exacerbar, sua raiva: altas expectativas em relação aos outros, pensamento dicotômico e pensamento catastrófico.

Altas expectativas em relação aos outros

Não muito tempo atrás, descrevi o cenário apresentado a seguir nas redes sociais e perguntei às pessoas como elas reagiriam se isso acontecesse com elas.

Você está dirigindo na estrada, na pista da esquerda. Você já está além do limite de velocidade, ultrapassando alguns carros mais lentos e tentando voltar à pista da direita assim que tiver uma chance.

Um carro está colado atrás de você, jogando luz alta para pressioná-lo a ir mais rápido. Assim que você vê uma chance de ir para a direita, ele acelera, o ultrapassa pela direita e lhe dá uma cortada de propósito.

Dado esse cenário, perguntei às pessoas o que elas fariam nessa situação. A ideia era entender a percepção das pessoas sobre a importância da vingança. O que elas fariam? Deixariam por isso mesmo, buzinariam, iriam atrás daquele motorista... Mais de 2 mil pessoas comentaram; muitas delas só responderam à pergunta que propus. Contudo, muitas outras pessoas comentaram não para responder à pergunta, mas para manifestar seu repúdio ao cenário, dizendo que jamais se veriam nessa situação porque não dirigiam mal como a pessoa do meu exemplo. Elas disseram que teriam ido mais rápido, não ficariam enrolando para ultrapassar ou teriam sinalizado antes para não deixar o outro motorista ultrapassá-las pela direita.

Só para constar, o protagonista do meu exemplo estava dirigindo com responsabilidade e segurança, mas essa não é a questão. O que achei mais interessante foi a rapidez na qual tantas pessoas se voltaram não contra o agressor do exemplo, mas contra a vítima da agressão. Elas não se revoltaram com o motorista que cortou o outro de propósito, mas com o motorista que acharam que estava dirigindo devagar e demorando para fazer a ultrapassagem. A maioria não chegou a dizer que o motorista mereceu ser cortado, mas muitos chegaram a insinuar que o motorista que foi cortado é que estava errado.[*]

Acho que esse é um exemplo muito interessante de como as expectativas em relação aos outros e as regras tácitas de comportamento podem levar alguém a ter raiva. Cada um que respondeu tinha a própria ideia de como os motoristas devem se comportar na estrada. Es-

---

[*] Sei que alguns leitores devem estar gritando comigo agora, achando que estou totalmente equivocado sobre esse cenário. Se você for uma dessas pessoas, continue lendo. Vamos dar um jeito nisso.

sas ideias não estavam de acordo com a maioria das leis de trânsito (no cenário, o agressor violou mais leis que o protagonista). A questão é que as expectativas de quem respondeu se baseavam no próprio senso do comportamento certo e errado ao volante. As pessoas tinham na cabeça algumas normas informais e claramente não universais sobre como se comportar ao volante e não se irritaram com o motorista que infringiu várias leis de trânsito, mas sim com o motorista que violou as regras que eles consideravam certas.[*]

Essa é uma das características de uma personalidade raivosa. Essas pessoas costumam ter algumas regras relativamente inflexíveis sobre como as pessoas *deveriam se* comportar, sentir e pensar; então, quando os outros violam essas regras, elas ficam com raiva. Essas regras, ou esses modos de pensar, podem incluir o que os cientistas chamam de exigência absolutista, culpabilização, leitura mental ou até personalização do comportamento dos outros. As pessoas colocam as próprias necessidades à frente das necessidades dos outros, presumem o pior das pessoas e de suas motivações e podem até culpar as pessoas injustamente.

No caso de Ephraim, o pensamento do tipo tudo ou nada pode ser visto na maneira como ele tirava conclusões precipitadas sobre o que os outros achavam dele. Ele fazia suposições sobre como as pessoas o viam, e essas suposições moldavam suas emoções. Se ele pensasse que as pessoas achavam que ele era burro ou que podiam fazer algo melhor do que ele, ele ficava com raiva. Ele admitiu que não tinha por que presumir que as pessoas o viam dessa forma, mas tirava essas conclusões mesmo sem ter evidências e acabava ficando com raiva.

Os terapeutas cognitivos identificaram vários desses tipos de pensamentos não apenas relacionados à raiva, mas associados a problemas

---

[*] A propósito, assim que algumas pessoas se colocaram em defesa do ofensor nesse cenário, outras chegaram para defender o protagonista. As pessoas começaram a discutir para tentar decidir qual personagem fictício no meu cenário fictício era o culpado. Esse é o mundo das redes sociais.

emocionais em geral. Veja uma breve lista de alguns desses pensamentos com exemplos de como eles se relacionam à raiva (observando que costuma haver considerável sobreposição entre esses modos de pensar).

- **Atribuição incorreta de causalidade ou culpa.** As pessoas entendem mal o que causou uma situação ou atribuem a culpa incorretamente. Elas podem fazer suposições sobre *o motivo* de alguém ter feito algo ou simplesmente culpar a pessoa errada. No caso da raiva, esse pensamento pode ser expresso em declarações como "aposto que ele fez isso porque..." ou "ele fez isso de propósito".

- **Exigência absolutista.** As pessoas colocam as próprias vontades e desejos à frente das vontades e desejos dos outros. Concluem que suas necessidades são mais importantes que as necessidades dos outros. Quando um garçom demora mais do que elas gostariam, elas podem pensar: "Não interessa o que ele acha que está fazendo, ele precisa vir me atender agora!".

- **Ideias do que os outros "deveriam" fazer.** Uma variação da exigência absolutista, os pensamentos sobre o que os outros "deveriam" fazer ocorrem quando as pessoas têm regras rígidas sobre como as pessoas *deveriam* agir. Essas regras podem ser consistentes ou inconsistentes com as regras da sociedade (por exemplo, dizer "por favor" e "obrigado", não se atrasar para uma reunião). Quando as regras são violadas, as pessoas com raiva se enfurecem.* A situação fictícia acima, de dirigir na estrada, rendeu bons exemplos de ideias do que os outros "deveriam" fazer.

---

* Apenas a título de curiosidade, também podemos ter pensamentos do tipo "deveria" direcionados a nós mesmos, que incluem regras sobre nosso próprio comportamento (eu deveria ir à academia todos os dias, eu deveria terminar este trabalho hoje). As pessoas que se engajam em pensamentos do tipo "deveria" direcionados a si mesmas têm mais chances de ficar tristes consigo mesmas e com raiva de si mesmas. Tanto que dados do The Anger Project (www.alltheragescience.com) mostram que 41% das pessoas têm uma probabilidade extremamente alta de ficar com raiva de si mesmas.

- **Expectativas de mudança de comportamento.** As pessoas esperam que os outros mudem para satisfazer às suas expectativas. Elas acham que colegas, amigos e parentes mudarão de comportamento só porque elas querem. Quando as pessoas não mudam como elas esperam, elas ficam com raiva.
- **Conclusões precipitadas.** É muito comum pessoas com raiva tirarem conclusões negativas sem ter evidências. Elas podem presumir que as pessoas estão com más intenções mesmo sem ter uma boa razão para fazer essa suposição. Quando o chefe as chama para uma reunião, por exemplo, elas podem tirar a conclusão precipitada de que receberão mais funções no trabalho.
- **Personalização.** A pessoa atribui a si mesma uma culpa desproporcional por eventos negativos que, em sua maioria, não são de sua responsabilidade. Basicamente, ela leva as coisas para o lado pessoal, presumindo que as pessoas tomaram as decisões e agiram com elas em mente. No caso da raiva, a pessoa pode acreditar que as ações de alguém foram motivadas por despeito ou vingança. "Ele só fez isso para se vingar de mim."

Pensamento do tipo tudo ou nada

Tenho sido alvo de muitas manifestações de raiva nas redes sociais por causa do meu posicionamento contra a violência armada nos Estados Unidos. Sou defensor ferrenho e assumido de aumentar as exigências para regulamentação de posse e uso de armas nos Estados Unidos, e falo a respeito disso com frequência nas redes sociais.* No entanto, quando faço isso, uma coisa interessante sempre acontece, que demonstra um estilo de pensamento específico das pessoas com raiva. Os entusiastas de armas inevitavelmente me atacam por querer "banir

---

* Meu posicionamento sobre as armas tem base no que aprendo com minhas pesquisas sobre raiva e outras emoções. Pegue qualquer situação emocionalmente volátil, acrescente uma arma, e a situação, sem dúvida, ficará muito mais perigosa.

as armas" – eles dizem coisas como "Você nunca vai conseguir tirar minhas armas de mim!", "Se as armas forem proibidas, como vou me defender dos meliantes?" ou até "Então, por que não proibimos os carros também, já que eles matam mais pessoas que as armas?".

Contudo, o que me leva a estranhar esse tipo de reação é que jamais defendi o banimento completo de todas as armas e nunca falei sobre o confisco de armas. Eles ouvem "regulamentação de armas de fogo" – o que pode significar qualquer coisa, desde proibir o porte de armas até exigir treinamento para poder ter uma arma – e imediatamente interpretam como a proibição e o confisco de todas as armas. Eles acabam reagindo a essa ideia que formaram em sua mente, e não ao que de fato estou defendendo. Esse é o pensamento do tipo tudo ou nada que embasa as visões de mundo de muitas pessoas com raiva.

O pensamento de tudo ou nada ocorre quando as pessoas categorizam as coisas como *totalmente ruins* ou *totalmente boas*. Elas pegam uma situação ou uma ideia e a rotulam ou a definem de alguma maneira específica, deixando de levar em conta as nuances dessa situação ou dessa ideia. Enquanto escrevo estas palavras, por exemplo, está chovendo forte lá fora, e a chuva deve continuar nas próximas horas. Eu poderia rotular isso como terrível ou decepcionante porque vai *arruinar* a corrida que eu planejava fazer mais tarde e porque meus filhos não vão poder brincar no quintal. Contudo, se eu fizesse isso, estaria ignorando o fato de que a chuva está regando meu jardim, que precisa desesperadamente de água (sem falar das plantações dos lavradores e dos fazendeiros da região). A chuva não é inerentemente ruim. É apenas algo que está acontecendo que afeta a minha vida e a comunidade como um todo de formas positivas e negativas.

Esse tipo de pensamento também pode se refletir na maneira como vemos as pessoas. Em vez de reconhecer que todos os seres humanos, por natureza, têm motivações complexas, as pessoas com raiva podem rotular os outros como *cruéis*, *burros* ou *desonestos*. Esses rótulos passam a ser as lentes através das quais essas pessoas interpretam o comportamento dos outros. Quando uma pessoa rotulada como desonesta tenta se explicar, a pessoa raivosa presume que ela está mentindo. Quando uma pessoa rotulada como burra apresenta uma solução para um problema, ela é ignorada.

É possível identificar vários tipos de pensamento que se enquadram nessa categoria do tudo ou nada. Observe alguns exemplos de pensamentos que podemos identificar em pessoas com raiva, incluindo amostras de como esses pensamentos podem levar à raiva.

- **Hipergeneralização.** É a tendência de exagerar o resultado das experiências para que englobem um padrão muito maior. Diante de um acontecimento, a pessoa pode achar que isso *sempre* acontece em vez de pensar nisso como um incidente isolado. Por exemplo, quando um filho se esquece de fazer o dever de casa, o pai pode ficar com raiva e dizer "Por que ele *nunca* faz o dever de casa?" ou ainda "Ele é *totalmente* irresponsável!".

- **Rotulação excessiva.** Uma pessoa rotula outras pessoas ou situações de forma extremamente negativa ou até cruel. As situações são descritas como completamente terríveis ou desastrosas. As pessoas, como idiotas, burras ou inúteis. Essa distorção cognitiva envolve não perceber que as pessoas são mais complexas do que a pessoa imagina e que suas motivações para fazer algo em um determinado momento são igualmente complexas.

- **Versões diferentes de justiça.** Algumas pessoas avaliam os resultados em termos de justiça, mas seguindo um conceito pessoal de justiça. Elas sentem raiva porque identificam como injustiça algo que os outros não necessariamente enxergam. Uma pessoa pode, por exemplo, pensar "O justo seria ele passar o aspirador de pó na casa, pois quem fez o jantar fui eu!" e ficar com raiva porque seu parceiro não pensa do mesmo jeito.

- **Confundir opiniões com fatos.** Pode acontecer de interpretarmos erroneamente nossas opiniões como sendo fatos, o que significa que achamos que os outros deveriam ter os mesmos sentimentos e as mesmas opiniões que nós.* Por exemplo, "acho que *Casablanca* é o melhor filme de todos os tempos" torna-se "*Casablanca* é o melhor filme de todos os tempos"; então, ficamos com raiva quando alguém não concorda com o que é, em nossa cabeça, um "fato" indiscutível.

Pensamento catastrófico

Interpretamos qualquer situação ou experiência de duas maneiras. Começamos interpretando a origem da situação ou da experiência. No caso da raiva, olhamos para a pessoa ou a situação que provoca nossa raiva e decidimos o que isso significa para nós. É nesse ponto que muitos dos pensamentos que já discutimos entram em jogo. Decidimos quem fez o quê, por quê, se foi bom ou ruim, como isso nos afeta, e por aí vai. Chamamos isso de avaliação primária.

Em seguida, decidimos se a situação é ruim para nós e se somos ou não capazes de lidar com ela. Essa é a avaliação secundária, e é crucial para decidirmos se vamos ou não ficar com raiva e quanta raiva sentiremos. Por exemplo, alguém pode se comportar mal aos nossos olhos, mas isso não ter nos afetado muito. Nessa situação, podemos não ficar com tanta raiva. Se alguém furar a fila na minha frente em um café, posso pensar: "Não foi de propósito. Foi mal-educado, mas não estou com pressa, então, não é grande coisa…". Seguindo essa lógica, posso ficar com um pouco de raiva do comportamento da pessoa, considerando-o injusto ou desrespeitoso, mas não fico furioso, porque isso não afetou muito a minha vida. Se pensar comigo mesmo: "Que droga! Agora, vou chegar atrasado ao trabalho!" ou "Não acredito que esse

---

* Certa vez, quando meu filho tinha nove anos, ele ficou muito chateado ao ouvir um podcast no qual alguns críticos falaram mal de um filme que ele adorava. Ele tinha adorado o filme; então, não conseguia acreditar que nem todo mundo havia gostado. Esse tipo de raciocínio é de se esperar em crianças, mas também esperamos que elas cresçam à medida que desenvolvem um entendimento mais sofisticado do modo como as pessoas vivenciam o mundo.

cara vai pegar o último *donut*!", provavelmente ficarei com muito mais raiva. Minha raiva depende da minha interpretação das consequências.

As pessoas com raiva tendem a ter um pensamento catastrófico. No caso de Ephraim, que vimos anteriormente, ele se irritava com as interrupções porque as interpretava como uma interferência em seu trabalho. É uma situação interessante, porque ele sabia que as pessoas não estavam fazendo nada de errado ao solicitar atendimento. Afinal, seu trabalho era atender as pessoas. Desse modo, a avaliação primária, por si só, não levava necessariamente à frustração ou à raiva. Ele não achava que as pessoas haviam feito algo errado, mas a avaliação secundária, por meio da qual ele analisava sua capacidade de lidar com a situação, levava à raiva. Como ele tem dificuldade de se concentrar devido ao TDAH, as interrupções são especialmente frustrantes para ele.

As pessoas com raiva se engajam nesse tipo de pensamento de maneiras diferentes. No entanto, antes de entrarmos nesse ponto, quero deixar claro que algumas situações realmente são catastróficas. Não quero minimizar o fato de que as pessoas podem ter resultados verdadeiramente negativos. Longe disso. No contexto deste livro, estou falando de uma tendência de exagerar as coisas, e não nego que, às vezes, a situação pode ser péssima e a raiva, juntamente com outras emoções, pode ser totalmente justificável.

- **Catastrofização.** Esse modo de pensar entra na categoria do pensamento catastrófico. As pessoas com raiva tendem a exagerar os eventos negativos, interpretando o resultado desses eventos como altamente negativos. Elas concluem que uma experiência é a pior coisa que já aconteceu na vida delas ou que vai arruinar todo o seu dia, sua semana, sua carreira. Quando um colega de trabalho se esquece de fazer uma tarefa, por exemplo, a pessoa pode dizer: "Vou me atrasar esperando ele terminar a tarefa. Vou perder o emprego!".

- **Raciocínio emocional.** Quando as pessoas se engajam no raciocínio emocional, começam a acreditar que os sentimentos refletem a verdade sobre uma determinada situação. Acham que a raiva, por exemplo, deve significar que a situação de fato é péssima, injusta ou problemática. Não conseguem perceber que pode haver outras interpretações para os acontecimentos.

- **Filtro negativo.** Uma pessoa não consegue identificar os resultados positivos de uma situação e só enxerga os aspectos negativos. Ela vê o que vai mal e se torna cega para as experiências positivas. Assim, uma pessoa com raiva pode ficar hiperfocada em algo específico que deu errado (um voo atrasou, não acharam sua reserva em um restaurante) e acreditar que o dia está arruinado, deixando de reconhecer tudo que deu certo naquele dia.

UMA CURIOSIDADE SOBRE A RAIVA

As pessoas com personalidade raivosa são muito mais propensas a ter pensamentos nas três categorias que vimos acima. Recapitulando: altas expectativas em relação aos outros, pensamento do tipo tudo ou nada e pensamento catastrófico.[48]

A origem de nossas visões de mundo

Não é difícil ver por que esses tipos de pensamento são associados à raiva (sem mencionar outras emoções, como tristeza e medo). Alguém que catastrofiza tende a considerar as situações ruins como se fossem muito piores do que realmente são e pode ficar com muito mais raiva. Alguém que generaliza demais (hipergeneralização) tende a generalizar situações específicas vendo-as como parte de um padrão. Quando seu companheiro precisa trabalhar até mais tarde e estraga seus planos para o jantar, a pessoa pensa: "Ele *sempre* faz isso!", e fica ainda mais frustrada. Tipos de pensamento como filtro negativo, exigência absolutista e rotulação excessiva podem levar à raiva e à agressão.

Isso também é confirmado pelas pesquisas. Estudos sobre esses tipos de pensamento os associaram com frequência à raiva, à tristeza e ao medo. As pessoas que têm esses tipos de pensamentos não apenas são mais suscetíveis a ficar com raiva como também são mais propensas a expressar sua raiva de formas inadequadas ou perigosas.[49] Essas descobertas também têm importantes implicações na psicoterapia e na autoajuda, uma vez que é nesses pensamentos que a intervenção costuma ser mais eficaz. Como Beck, a princípio, propôs, pesquisas confirmaram que uma das melhores maneiras de ajudar as pessoas com raiva é ensiná-las a mudar esses pensamentos. Quando as pessoas substituem seus pensamentos raivosos por pensamentos mais funcionais e úteis, elas sentem menos raiva e a expressam de formas mais saudáveis.

Contudo, também acho fascinante pensar na origem desses pensamentos, ou seja, como eles são absorvidos e desenvolvidos. Por que será que algumas pessoas gravitam em torno desses tipos específicos de pensamento? Ephraim disse algo muito revelador a respeito disso quando contou como ele começou a se sentir incompreendido e desvalorizado. Ele citou a mãe, a quem descreveu como controladora, e disse que achava que seus sentimentos e pensamentos tinham sido desvalorizados durante toda a infância. Ele passou tanto tempo se sentindo incompreendido que isso tem sido uma fonte constante de frustração para ele.

Nossas tendências mentais provavelmente se desenvolvem por meio de um mecanismo semelhante ao de nossas tendências emocionais. Aprendemos um pouco por meio de recompensas e punições quando nossos cuidadores encorajam ou desencorajam algumas formas de pensar, nos elogiando ou repreendendo. Quando uma criança vai mal em uma prova e se justifica, dizendo: "Não foi culpa minha. O professor não ensinou direito!", um pai pode concordar e apoiar a criança, o que atua como recompensa. Ou pode repreendê-la por externalizar a culpa, acusando o professor em vez de assumir a responsabilidade pela nota baixa, o que funciona como punição e encoraja a criança a pensar de outra forma. O pai pode até sugerir explicações alternativas sobre o que aconteceu ou outras maneiras de pensar sobre a situação.

As visões de mundo das pessoas com raiva   121

Cientes disso, podemos ver que grande parte de nossa visão de mundo provavelmente se desenvolve por meio da modelagem. Observamos como nossos cuidadores pensam sobre o mundo e as situações por meio dos pensamentos que eles verbalizam no dia a dia e aprendemos com isso. Quando nosso pai ou nossa mãe diz: "Mas que idiota!", "Não tem jeito. É sempre assim!" ou "Pronto, isso acabou com o meu dia!", absorvemos essas interpretações e seus estilos de pensamento. Começamos a rotular as pessoas, hipergeneralizar e catastrofizar porque crescemos vendo esses exemplos. Também vale a pena observar que não aprendemos apenas com nossos cuidadores, embora eles sejam os mais influentes em nossa infância. Do mesmo modo como ocorre com nossas emoções, nossas visões de mundo são construídas em interações com nossos irmãos, amigos, professores, com as celebridades ou figuras de autoridade, entre outros.

EXERCÍCIO: OS PENSAMENTOS DOS OUTROS

Voltando àquela pessoa com raiva que faz parte da sua vida, pense em uma situação na qual ela ficou furiosa, desta vez, prestando muita atenção nos pensamentos que ela articulou. O que a pessoa disse que pode revelar o que ela estava pensando?

1. Com base nas categorias de pensamento descritas acima, que tipos de pensamento a pessoa demonstrou?
2. Como esses pensamentos podem refletir uma visão de mundo que justifica a raiva da pessoa?
3. Até onde você sabe, quais aspectos do desenvolvimento da pessoa podem ter influenciado ou moldado essa visão de mundo?

"Preciso de um tempo!"

Achei importante e interessante a resposta de Ephraim à minha pergunta sobre como as pessoas poderiam interagir melhor com ele. Ele disse: "Preciso que as pessoas me deem um tempo!". Ele não quer que as pessoas façam das tripas coração por ele nem que ignorem os próprios sentimentos a favor dos sentimentos dele. Ele só quer que as pessoas lhe deem um pouco de espaço e um tempo para que ele possa processar pensamentos e sentimentos antes de reagir. Como ele leva um pouco mais de tempo para processar mudanças, ele quer que as pessoas reconheçam isso e lhe deem essa oportunidade.

Acho importante observar que Ephraim me pareceu uma pessoa muito mais sensível e inteligente no âmbito emocional do que muitas pessoas com quem podemos interagir em nosso dia a dia. Ele também me pareceu respeitoso de uma maneira que não costumamos esperar de pessoas com raiva. Ele se preocupava com o impacto que a raiva causava nos outros, sobretudo na noiva. No entanto, podemos não receber esse tipo de consideração da maioria das pessoas com raiva, e pode ser muito mais difícil lidar com elas. Na Parte 2, veremos dez estratégias para lidar com isso.

PARTE 2

DEZ ESTRATÉGIAS PARA LIDAR COM PESSOAS COM RAIVA

CAPÍTULO 6

Estratégia 1: Identifique o que você realmente quer

"Se ele não queria saber o que eu achava, não devia ter perguntado"

Dia desses, uma amiga me contou uma situação bastante desagradável envolvendo a raiva que ela estava passando com o sogro. A família estava precisando lidar com alguns graves problemas de saúde que exigiam tomar algumas decisões difíceis. O sogro da minha amiga perguntou o que ela achava que eles deveriam fazer. Ela foi sincera, mesmo sabendo que ele não gostaria da resposta. No entanto, ela jamais poderia prever como ele ficaria furioso.

Ele ficou possesso. Ele lhe mandou um e-mail irado e absolutamente hostil. Acusou-a de não dar a mínima para a família e disse que ela não tinha o direito de dizer o que disse. Quando ela tentou explicar que só havia respondido à pergunta dele, ele voltou a atacá-la com um segundo e-mail. O novo e-mail foi ainda mais agressivo. Ela achou melhor não responder, e ele deixou por isso mesmo. Quando ela me contou o ocorrido, o sogro havia rompido os laços com ela e passou a falar somente o mínimo, e com extrema frieza, com o marido dela. Ela estava muito chateada e com medo das implicações que isso poderia gerar para a família deles.

Além de toda a mágoa e do medo, contudo, ela também estava sentindo muita raiva dele. Afinal, ela só disse o que achava porque ele perguntou. "Se ele não queria saber o que eu achava, não devia ter perguntado", ela me disse. "Na verdade, ele não queria saber o que eu achava. Só queria que eu dissesse que ele estava fazendo a coisa certa." Olhando para trás, ela conclui que teria sido preferível não ter dito nada. Seria bem melhor se ela tivesse falado que ele estava fazendo a coisa certa e deixasse por isso mesmo. Entretanto, agora, ela estava nessa situação terrível, achando que a única saída seria pedir desculpas por algo que ela não considerava ter culpa.

Essa situação trouxe à tona muitos sentimentos; então, ela desejou dizer ao sogro coisas que sabia que não levariam a nada e só ampliariam o conflito. Ela estava furiosa, e a raiva fez o que a raiva costuma fazer. A vontade dela era atacar. No entanto, ela sabia que dizer ou fazer o que realmente queria naquela situação só a afastaria de seu verdadeiro objetivo naquele contexto. O que ela de fato queria era preservar a relação do marido com o pai.

> **DICA**
>
> Encontrar um jeito de dar um tempo em um momento emocionalmente carregado é uma das coisas mais importantes que você pode fazer para lidar com pessoas com raiva.

O que desejamos fazer nem sempre é o que devemos fazer

Uma das melhores coisas que podemos fazer quando alguém está com raiva de nós é descobrir exatamente quais são os nossos objetivos em relação à situação. O que almejamos como resultado e como podemos o alcançar? Isso se aplica tanto a interações breves, como em uma briga no trânsito, quanto a situações mais complexas, como a descrita acima, ou em situações envolvendo colegas, amigos ou outros familiares. Antes de reagir, é importante nos dar a chance de parar um pouco e avaliar a situação para decidir como podemos chegar ao resultado almejado.

Em qualquer situação, você pode visar alguns resultados diferentes. Por exemplo, um amigo pode ter ficado com raiva de você porque você decidiu não ir à festa dele. Na ocasião, ele disse que estava tudo bem e que ele entendia, mas depois você ficou sabendo, por intermédio de amigos em comum, que ele andou dizendo umas coisas nada agradáveis sobre você. Em uma situação como essa, há diversos resultados que você pode almejar, conforme a natureza do seu relacionamento com seu amigo. Por exemplo:

- Pode querer que ele deixe de sentir raiva de você.
- Pode querer que ele pare de falar mal de você.
- Pode querer terminar a amizade.
- Pode querer sentir menos culpa por não ter ido à festa.
- Pode querer preservar sua reputação.
- Pode querer se vingar.

Cada um desses objetivos exige uma resposta diferente e, para complicar ainda mais as coisas, você pode ter mais de um objetivo em mente.

Fazer uma pausa nesses momentos para pensar no resultado desejado pode ser muito difícil. Por definição, são situações emocionalmente carregadas, e nem sempre estamos pensando com clareza. O que *queremos* fazer nessas situações pode ser diferente do que *precisamos* fazer para chegar ao resultado desejado. Em vez de focar os nossos objetivos, geralmente focamos a vingança. Seguimos nossos instintos de buscar vingança, em vez de sermos estratégicos. A propósito, esse instinto tem uma razão de ser e, como muitas coisas relacionadas às nossas emoções, tem raízes profundas em nosso DNA.

Estratégia 1: Identifique o que você realmente quer   129

O instinto de vingança

Outro dia, eu estava falando sobre a raiva nas redes sociais e alguém respondeu a um post com um comentário fascinante sobre a dificuldade de dar as costas para uma pessoa com raiva e deixá-la falando sozinha. A pessoa disse que tentar se afastar nessas situações a deixava com um sentimento de impotência; por isso, ela acabava atacando, mesmo sabendo que não era a melhor coisa a fazer. O comentário, por si só, já era interessante, mas o mais fascinante foi que todos os outros leitores concordaram. Todo mundo concordou que uma das coisas que impede as pessoas de tomar a melhor decisão nessas situações emocionalmente carregadas é a sensação de que, se elas não revidarem, serão tripudiadas.

UMA CURIOSIDADE SOBRE A RAIVA

A vingança ativa partes do nosso cérebro associadas a recompensas.

Por que o desejo de vingança nos impele tanto? O que a vingança tem de tão bom que nos motiva a fazer algo que vai contra nossos objetivos? Em 2004, uma equipe de pesquisadores explorou exatamente essa questão, observando em específico o que acontece no cérebro quando nos vingamos.[50] Esses pesquisadores examinaram o cérebro de participantes jogando um jogo, de modo anônimo, contra outro participante. O jogo envolvia trocas de dinheiro; se os participantes fossem honestos e trabalhassem em colaboração, os dois poderiam se beneficiar. No entanto, se um deles tirasse vantagem do outro, poderia se beneficiar ainda mais. Basicamente, se um participante fosse desonesto e enganasse o outro, teria a possibilidade de ganhar mais dinheiro.

Entretanto, mais tarde, a pessoa que foi enganada no estudo teve a oportunidade de se vingar. Quando descobriram que foram enganados, esses participantes tiveram um tempo para decidir se queriam punir a pessoa lhes tirando pontos no jogo. Durante o tempo que eles receberam para tomar a decisão, seu cérebro estava sendo estudado por meio de um PET scan.* O que os pesquisadores descobriram foi que o ato de punir a pessoa que os enganou levava à ativação de uma estrutura cerebral chamada estriado dorsal. O estriado dorsal tem um papel muito importante na resposta a recompensas, de modo que os autores argumentam que "ativações no estriado dorsal refletem a satisfação almejada". Em outras palavras, o desejo de punir não era apenas algo que os participantes viam como a coisa certa a fazer; eles também sentiam satisfação com o ato. Impor a punição lhes dava prazer.

Isso explica a dificuldade de algumas pessoas de simplesmente dar as costas nesses momentos. Nosso desejo de vingança é muito forte.** A vingança é gratificante. Como outras experiências relacionadas às emoções, provavelmente tem raízes em nossa história evolutiva. Era do interesse dos nossos ancestrais reagir quando provocados ou injustiçados, pois isso enviava uma mensagem clara a qualquer um que pudesse querer enganá-los ou tentar lhes roubar recursos: não mexa comigo. A vingança nos dá prazer até hoje, porque nossos ancestrais, humanos e não humanos, que tinham mais propensão a se vingar (o que faziam porque a sensação era boa), tiveram mais chances de sobreviver.

Por outro lado, já foi constatado que, embora a vingança seja satisfatória na hora, muitas vezes, a sensação não é boa depois. Depois de se vingar, as pessoas tendem a ficar pensando sobre os sentimentos negativos. Elas ficam ruminando sobre a situação. Um estudo fascinante de 2008 explorou essa questão em detalhes.[51] De maneira semelhante à adotada no estudo descrito acima, os pesquisadores colocaram os

---

* PET (da sigla em inglês) significa *tomografia por emissão de pósitrons* e envolve injetar um traçador no corpo que é captado pela varredura. Em geral, é usado para identificar cânceres, distúrbios cerebrais, problemas cardíacos e outros distúrbios.

** Estudos sobre o estriado dorsal comprovam que essa região do cérebro está envolvida no desenvolvimento de comportamentos aditivos. Seria um exagero dizer que a vingança pode ser viciante, mas explica por que o desejo de vingança pode ser tão intenso para algumas pessoas.

participantes para jogar um jogo. Eles incluíram um participante falso, que basicamente traía os verdadeiros participantes, enfurecendo-os a ponto de provocar neles o desejo de vingança. Metade dos participantes reais teve a oportunidade de se vingar, e a outra metade não. Depois de ser encerrada essa parte do estudo, os participantes responderam a um questionário para avaliar seu humor.

Esse estudo levou a duas descobertas muito interessantes. A princípio, o grupo que não se vingou gostaria de ter tido a oportunidade de se vingar. Isso demonstra a sede de vingança que venho descrevendo. Os que não tiveram como se vingar ficaram muito desapontados. Além do mais, e isso é surpreendente e importante, o grupo que não se vingou ficou mais feliz depois do estudo do que o grupo que se vingou. Eles não sabiam que estavam mais felizes que o outro grupo e achavam que ficariam mais felizes se tivessem tido a chance de se vingar, mas, na verdade, ficaram mais felizes sem a vingança. Em outras palavras, parece que é melhor combatermos o impulso de reagir de imediato quando somos maltratados ou tratados com injustiça.

Como evitar a vingança para obter um resultado melhor

Vejamos alguns exemplos de situações nas quais podemos estar inclinados a buscar a vingança em vez de trabalhar em direção a um objetivo melhor e mais racional. Os exemplos incluem como podemos evitar nos vingar na internet, no trabalho e em casa.

Na internet

Imagine que você está nas redes sociais, um amigo posta alguma coisa sobre política e você comenta. Alguém que você não conhece – um amigo do seu amigo – responde ao que você disse com um comentário raivoso e até agressivo e ofensivo. A maioria de nós nem precisa imaginar essa situação – é bem provável que você já tenha passado exatamente pela mesma coisa. Para você ter uma ideia, dados do The Anger Project revelam que 23% das pessoas se engajam em discussões on-line pelo menos uma vez por mês.[52] Quando isso acontece, você pode ter vontade de devolver a ofensa na mesma moeda. No entanto, se você parar para pensar em seus objetivos nessa situação, poderá decidir fazer algo completamente diferente.

Por exemplo, você pode concluir que seu objetivo não é se vingar. Pode perceber que não quer insultar a pessoa nem tentar provar que ela está errada. Em vez disso, seu objetivo pode ser elucidar sua opinião a qualquer pessoa que estiver lendo e, com isso em vista, você escreve uma resposta destinada a esse público mais amplo. Isso poderia implicar um tom ou uma abordagem totalmente diferente. Em vez da hostilidade com a qual você poderia ter iniciado, você passa para uma abordagem positiva que tem mais chances de convencer os outros leitores. Ou você pode concluir que seu objetivo é preservar seu relacionamento com seu amigo – a pessoa que escreveu o post. Nesse caso, você pode decidir deixar quieto e não responder para não colocar seu amigo em uma saia justa.

No trabalho

Agora, imagine a seguinte situação: você comete um erro no trabalho, forçando um colega a consertar seu erro. O colega reage mandando a você um e-mail hostil reclamando do seu erro e do tempo que passou consertando a sua pisada de bola. Você fica na defensiva e talvez até com um pouco de raiva. Muitas pessoas me dizem que sua reação instintiva a situações como essa – talvez para se defender – é revidar com o mesmo grau de hostilidade. Em vez de admitir o erro ou pedir desculpas, as pessoas tentam culpar o outro dizendo algo como "Eu sei que eu errei, mas…" ou "Não teria acontecido se você não tivesse…".

É natural e compreensível ficar na defensiva quando alguém está com raiva de você. Na verdade, seria estranho *não* querer se defender em uma situação como essa. Seria contrário à nossa natureza. Conscientes disso, podemos entender que este é claramente um daqueles casos nos quais é importante parar para identificar seus objetivos. A situação também é contextual, o que significa que há vários e complexos fatores sociais em jogo (por exemplo, essa pessoa é um superior ou pode prejudicar seu avanço profissional?). No fim das contas, para navegar por esse momento, você precisa pensar no melhor desfecho para a situação. Você quer manter um bom relacionamento com o colega, resolver o problema que você criou, dizer que não admite que falem assim com você ou talvez todas essas coisas? Também nesse caso, é importante parar para pensar nos seus objetivos, em vez de reagir de modo automático.

Em casa

Há um tipo de situação na qual esse desejo de vingança é particularmente complicado: entre pais e filhos. Poucos pais usariam a palavra "vingança" para descrever sua abordagem de criação dos filhos, mas ouvir os pais falando sobre o uso da punição revela muitas motivações relacionadas à justiça em vez de motivações educacionais ou de desenvolvimento. Quando converso com pais sobre seu uso de punições, incluindo punições físicas, como bater nos filhos, eles costumam dar explicações que soam muito como vingança. Os pais dizem coisas como "Bem, eles mereceram ser punidos" ou que seus filhos "fizeram jus à punição". Inclusive, várias pessoas me disseram que apanharam na infância porque "mereceram".*

Contudo, essa abordagem, em geral, não proporciona aos pais o que eles almejam, que é refrear o comportamento problemático. Vejamos, por exemplo, uma situação na qual uma criança fica com raiva do irmão e expressa essa raiva como muitas crianças fazem: batendo. Os pais costumam reagir a esse tipo de comportamento

---

* "Algumas crianças merecem apanhar. É a vida!", um seguidor no TikTok me disse uma vez.

com uma combinação de repreensão, punição ou até surras* (muitas vezes, usando a explicação da justiça/vingança para se justificar). Seria, porém, bem melhor se os pais fizessem uma pausa para pensar sobre o resultado almejado. O que você realmente quer nesse momento? Quase sempre, a resposta para essa pergunta é (ou pelo menos deveria ser) ajudar a criança a encontrar outras formas de expressar a raiva. Esse resultado requer um caminho muito diferente de repreender ou punir.

Requer modelagem (ou seja, dar o exemplo), apoio e o ensino de estratégias de enfrentamento adaptativas. Comece modelando expressões de raiva saudáveis. Converse com seus filhos no tom de voz que você gostaria que eles usassem quando estão com raiva (uma voz tranquila, firme). Encoraje-os a refletir sobre o motivo da raiva e sobre o que eles podem fazer a respeito. Tenha empatia com os sentimentos deles e apresente outras maneiras de lidar com essas emoções, como respirar fundo, ficar um tempo a sós e ser assertivos. Se o objetivo for ver seus filhos expressando a raiva de formas mais saudáveis e apropriadas, sua reação deve ser ajudá-los a atingir esse objetivo.

Três passos para identificar seus objetivos

Você pode dividir o processo em três passos: (1) parar, (2) recompor-se e perguntar-se o que deseja alcançar e (3) decidir como chegar lá.

Passo 1: Encontre um jeito de fazer uma pausa

A parte mais difícil de identificar seus objetivos é parar para fazer isso. Você precisa interromper sua reação (potencialmente ruim) na hora e

---

* Um estudo de 2017 publicado no *JAMA Pediatrics* levou à descoberta de que, embora o hábito de bater em crianças tenha diminuído nos Estados Unidos, mais de um terço dos pais ainda batem nos filhos. Isso acontece apesar de todos os estudos constatando que as surras não apenas são ineficazes como levam a muitos dos resultados que os pais estão tentando evitar (mentiras, agressão e outros problemas de conduta).

tirar um tempo para pensar a respeito da situação e sobre o que você quer dela. Se você reagir automaticamente à raiva de alguém, pode enveredar por um caminho do qual será difícil voltar. É melhor encontrar uma maneira de parar nesses momentos.

Não se preocupe. O próximo capítulo inteiro será dedicado a isso. Por enquanto, veja algumas sugestões para encontrar uma maneira de fazer uma pausa. Primeiro, é importante adotar como estratégia de vida ser deliberado em suas reações. Não basta um esforço psicológico para manter a calma e deixar de agir no calor do momento. Você precisa se preparar com antecedência. Em segundo lugar, crie o hábito de contar devagar até três, inspirando e expirando fundo,* ou até relaxando os ombros como faria após uma sessão de exercícios.

Passo 2: Pergunte-se: "O que eu quero dessa situação?"

Depois de encontrar um momento para se recompor, comece a pensar no resultado ideal para a situação. O que você deseja para os envolvidos, incluindo você? Não se preocupe ainda com o que seria razoável ou provável ou até com o que a pessoa "merece" nessa circunstância. Essas coisas não passam de distrações nesse momento. Pergunte a si mesmo o que você quer e concentre-se nisso.

Passo 3: Pergunte-se: "Qual é o melhor caminho para obter esse resultado?"

Por fim, comece a pensar no melhor caminho para atingir seu objetivo. Quando minha amiga concluiu que queria preservar o relacionamento entre o marido e o sogro, o próximo passo foi pensar na melhor maneira de fazer isso. Se você concluir que deseja preservar seu rela-

---

* Sou fã de longa data de filmes de zumbis e, muitas vezes, deixo escapar um grunhido de zumbi em momentos como esses. Tem o efeito duplo de me dar um tempo para fazer uma pausa e de criar um alívio cômico para quebrar a tensão. Gostaria de poder dizer que foi uma estratégia intencional. Não foi. Eu só descobri sem querer.

cionamento com a pessoa que está com raiva de você, comece a pensar em um modo de fazer isso. Se perceber que seu objetivo é ajudar seus filhos a aprender a expressar a raiva de outras maneiras além de agredir, pare de pensar em termos de justiça/injustiça e concentre-se em ensinar e dar apoio.

Como manter a calma em momentos emocionalmente carregados

É claro que você não vai conseguir fazer nada disso se não aprender a manter a calma. Pensar de modo racional, com foco em um objetivo, depende de sua capacidade de se acalmar rápido em meio a um turbilhão de emoções. Como vimos, essa habilidade tem raízes tanto em fatores genéticos como em sua criação. Está vinculada à sua visão de mundo e é afetada pelo que está acontecendo no ambiente no momento. Contudo, a capacidade de manter a calma é uma habilidade que pode ser desenvolvida com prática e esforço. No próximo capítulo, falaremos mais sobre como manter a calma.

CAPÍTULO 7

Estratégia 2:
Mantenha a calma

Vermelho, suado, trêmulo, ofegante e sem conseguir pensar direito

Quase sempre que dou uma entrevista ou uma palestra sobre a raiva, ouço duas perguntas. A primeira é: "As pessoas estão mais raivosas do que antes?".* A segunda é: "O que eu faço para manter a calma quando estou com raiva?". Essa segunda pergunta, muito importante, pode se estender além da raiva e se aplicar a qualquer momento emocionalmente carregado. Quando alguém está com raiva de você – ou de alguma outra pessoa –, como manter a calma?

O primeiro passo para saber o que é preciso fazer para manter a calma nessas situações é entender o que acontece no corpo nesses momentos. Quando você é acometido por emoções fortes, parte do que

---

* Não há uma resposta definitiva a essa pergunta. Não temos um mecanismo sistemático para monitorar esse tipo de coisa ao longo do tempo. Meu palpite é que, em certos aspectos, estamos, sim, mais raivosos do que costumávamos ser, mas também somos expostos a essa raiva de novas maneiras graças à onipresença das redes sociais e aos vídeos. Demonstrações públicas de raiva que antes não tínhamos como ver são muito mais evidentes hoje.

acontece é o acionamento do sistema nervoso simpático – muitas vezes, chamado de sistema de "luta ou fuga". Esse é um dos mecanismos do corpo para se proteger do perigo ou reagir a uma ameaça. O cérebro prepara o corpo para lutar, se necessário, ou para fugir, aumentando a frequência cardíaca e respiratória. A epinefrina é liberada no corpo, fornecendo mais energia. Essa energia a mais pode aumentar a temperatura do corpo, deixar o rosto vermelho ou até fazer as mãos tremerem. Você pode começar a suar para reduzir a temperatura. Como a digestão não é vital em uma crise, seu sistema digestivo desacelera e você para de salivar. Sua boca fica seca e se torna mais difícil falar.

Em outras palavras, quando você é dominado por emoções fortes, fica sem conseguir pensar direito – suado, trêmulo, ofegante, com a boca seca e com o coração batendo rápido. Tentar se comunicar nesses momentos é como tentar falar com alguém depois de correr 100 metros rasos a todo vapor. É difícil pensar direito e ainda mais árduo formular as palavras que terão mais chances de atingir seu objetivo em uma situação como essa.

Levamos, em média, 20 minutos para nos recuperar totalmente desse estado de luta ou fuga. Não 20 minutos após o início da agitação, mas 20 minutos depois de a situação estressante passar. Como a atividade do sistema nervoso simpático é praticamente automática, não adianta muito tentar evitá-la. Contudo, ainda nos restam duas estratégias para manter a calma. Em primeiro lugar, podemos tentar reduzir esse tempo de 20 minutos para algo mais administrável. Em segundo lugar, e o mais importante, podemos tentar continuar nos comunicando com eficácia e tendo um comportamento apropriado mesmo quando estamos nervosos.

O que não fazer

Vamos começar com o que não fazer. É comum acreditar que uma forma de "liberar" nossas emoções nesses momentos é socar e quebrar coisas, gritar ou até se exercitar.* Essa é uma crença tão comum que *rage rooms* ("salas da fúria", em tradução literal) foram abertas ao redor do mundo para as pessoas liberarem a raiva quebrando objetos. Por exemplo, a cidade onde eu moro conta com um lugar para desestressar "de um longo dia, mês ou ano". O estabelecimento é descrito como um espaço para "quebrar as coisas do seu jeito, ouvindo a música que você quiser".**

UMA CURIOSIDADE SOBRE A RAIVA

"Liberar" a raiva socando coisas, quebrando objetos ou gritando, na verdade, aumenta a raiva em vez de diminuí-la.

Já foi comprovado que essa abordagem para reduzir a raiva não funciona. A sensação pode até ser boa na hora,*** mas não ajuda a aliviar as emoções negativas. Na verdade, estudo após estudo revela que esse tipo de abordagem piora nossas emoções em longo prazo. As pessoas que usam a catarse para lidar com as emoções negativas são mais agressivas depois da catarse e mais propensas a atacar.

Isso também vale para exercícios físicos, o que costuma surpreender as pessoas. Neste caso, porém, o problema está nos detalhes. Exercitar-se ajuda a melhorar nosso bem-estar emocional como um todo. Isso é fato. As pessoas que se exercitam com regularidade têm uma

---

* Quando pergunto às pessoas "O que você está liberando nesses momentos?", elas costumam responder: "A raiva". Mas o que isso significa? A raiva não é um gás. Não é algo que podemos liberar na atmosfera.

** Eles também se descrevem como "disponível para chás revelação". Só pode ser piada. As pessoas vão mesmo a *rage rooms* para fazer um chá revelação do sexo do bebê?

*** O mesmo acontece com o consumo de álcool e a alimentação excessiva. No entanto, isso não quer dizer que essas coisas fazem bem.

vida emocional mais saudável. Exercitar-se melhora o humor e ajuda a controlar a ansiedade. Entretanto, isso não quer dizer que você deve se exercitar durante uma crise emocional ou como uma maneira de se acalmar depois de uma crise emocional. Quando você está no meio do furacão (varrido por sentimentos como raiva, medo e até tristeza intensa), exercitar-se pode exacerbar esses sentimentos negativos por causa de um fenômeno conhecido como "transferência de excitação".

Há transferência de excitação quando as emoções são intensificadas por algum tipo de estímulo ("excitação") não associado a elas. Basicamente, a excitação (frequência cardíaca e respiração elevadas) resultante de uma experiência é *transferida* a outra experiência. Por exemplo, se você estiver com raiva e sair para correr, sua frequência cardíaca aumentará porque você está correndo, mas seu cérebro vai achar que é porque você está com raiva. Alguns pesquisadores descobriram isso 50 anos atrás, quando, em 1972, Dolf Zillmann e seus colegas fizeram o estudo intitulado "Transferência de excitação de exercícios físicos a comportamentos agressivos subsequentes".[53] Como ocorria em praticamente todos os estudos sobre a raiva e a agressão nos anos 1970, os pesquisadores provocaram os participantes para deixá-los com muita raiva. Em seguida, os participantes foram divididos aleatoriamente em dois grupos: o primeiro se exercitaria em uma bicicleta ergométrica e o segundo faria uma tarefa qualquer.* Quando terminaram, eles tiveram a chance de reagir ao agressor. Se o exercício físico fosse eficaz para reduzir a raiva, os participantes seriam menos agressivos depois de exercitar-se na ergométrica. O que aconteceu foi o contrário: eles foram mais agressivos.

O problema é que essas descobertas não mudaram necessariamente o que os terapeutas recomendam fazer quando as pessoas estão com raiva. Uma rápida pesquisa na internet sobre "Como me acalmar

---

* A tarefa "consistia na atividade repetitiva de encaixar 'às cegas' em um pino pequenos discos com furos em locais aleatórios". De alguma forma, essa tarefa incrivelmente monótona deixou os participantes com menos raiva do que se exercitar na bicicleta ergométrica.

quando estou com raiva?" leva a incontáveis sites defendendo o uso de sacos de pancada, *rage rooms* e exercícios físicos. É comum as pessoas me dizerem que os terapeutas as encorajam a se exercitar quando elas ficam com raiva ou a incentivar os filhos a socar um travesseiro quando estão com raiva. Por alguma razão, muitas pessoas, inclusive terapeutas, ainda não se convenceram dos possíveis malefícios da catarse.

Como encurtar os 20 minutos

Se a catarse e os exercícios físicos não ajudam as pessoas a se acalmar, o que poderia ajudar? Como as pessoas podem manter a calma nessas situações emocionalmente carregadas?

Adote a calma como um valor essencial de sua vida

É importante adotar o desejo de manter a calma nessas situações como um valor a ser aplicado em todas as situações da vida. É muito difícil *decidir no calor do momento* que você quer manter a calma. A situação toda coloca você no centro de um turbilhão emocional, e é quase impossível decidir não se deixar levar no momento. Por isso, é importante tomar a decisão de manter a calma antes da situação.

O que eu quero dizer com isso é que, se você se considera uma pessoa que quer manter a calma nessas situações (ou, melhor ainda, uma pessoa que *de fato* fica calma nessas situações), você não precisa tomar decisão alguma quando se vê em situações como essas. Você já tomou a decisão e, quando se vê na situação, basta trabalhar para ser a pessoa que você já decidiu ser.

A proposta pode soar um pouco simplista, mas tente pensar da seguinte maneira. Estamos falando de formar novos hábitos, e a parte mais difícil de criar novos hábitos é evitar recair nos hábitos antigos em momentos de tensão. Imagine que você está tentando adotar uma dieta mais saudável (mais frutas e verduras, menos açúcar e assim por diante) e sai para jantar em um restaurante. Se você tentar decidir na hora o que comer, em meio a todas as tentações, é bem provável que volte aos velhos hábitos. Se pesquisar o cardápio na internet e escolher o que vai comer antes de chegar ao restaurante, sem se ver cercado pela tentação, você aumentará as suas chances de fazer a escolha mais saudável na hora. Da mesma forma, se decidir de antemão manter a calma quando alguém estiver com raiva, poderá recorrer a essa decisão quando as coisas esquentarem.

Encontre (ou crie) tempo para fazer uma pausa

Mesmo que você tenha concluído que deseja ser (ou é) o tipo de pessoa que mantém a calma nesses momentos, ainda pode ser muito difícil se controlar quando a situação começa a escalar. Quando alguém fica com raiva de você e você acaba se exaltando, pode ser fácil esquecer a intenção original de manter a calma. Uma estratégia para lidar com isso é identificar um "botão de pausa" em sua mente. Assim que notar que está se exaltando, faça um esforço para se lembrar de quem você quer ser nesses momentos. Faça uma pausa, mesmo se precisar ignorar por um instante a pessoa com quem está interagindo, para encontrar um pouco de tranquilidade antes de prosseguir.

Sei que é mais fácil dizer do que fazer, mas garanto que é possível. Mais adiante, neste capítulo, veremos algumas estratégias para executar essa prática. Por enquanto, porém, basta saber que, para manter a calma, você deve ser capaz de identificar, na hora da raiva, um gancho para fazer uma pausa e reduzir a tensão.

DICA ———————————————————————————

Respirar fundo é a base de qualquer tentativa de manter a calma no calor do momento.

Respiração profunda

Há um vídeo maravilhoso circulando nas redes sociais de um menino de seis anos ajudando o irmãozinho – de quatro anos – a se acalmar com alguns exercícios de respiração. Segundo a descrição, o caçula estava prestes a ter um acesso de raiva, e o irmão mais velho o ajudou a lidar com isso. É muito fofo (e um excelente exemplo da modelagem da qual falamos no Capítulo 3).* Também é um exemplo perfeito de como podemos usar a respiração profunda para nos acalmar.

O sistema nervoso autônomo é composto de duas partes: o sistema nervoso parassimpático (às vezes, chamado de "descansar e digerir") e o sistema nervoso simpático (o sistema de "luta ou fuga", que vimos anteriormente). Quando você fica com raiva, o sistema de luta ou fuga é ativado e o sistema nervoso parassimpático é desligado. Outra maneira de dizer isso é que você não pode ficar emocionalmente exaltado (assustado, zangado, surpreso) e relaxado ao mesmo tempo. Exaltação e relaxamento são o que chamamos de *estados de humor incongruentes*. Desse modo, uma forma de desligar o sistema de luta ou fuga é ativar o sistema de descanso e digestão, e uma das maneiras de fazer isso é respirando fundo.

Há várias técnicas de respiração profunda. Elas são tão numerosas que seria impossível apresentar uma lista completa neste livro. Em vez disso, ensinarei três técnicas: a respiração quadrada, a respiração triangular e a respiração 4-7-8.

Na respiração quadrada, você conta até quatro enquanto inspira, enquanto segura o ar nos pulmões, enquanto expira, enquanto mantém os pulmões vazios e, feito isso, repete tudo de novo. Em outras palavras, você conta até quatro enquanto inspira, conta até quatro enquanto prende a respiração, conta até quatro enquanto expira e conta até quatro com os pulmões vazios, fazendo isso por um minuto ou mais.

A respiração triangular é bem parecida, mas com uma pequena diferença. É só pular a parte de contar com os pulmões vazios (e você tem um triângulo, em vez de um quadrado). Você conta até quatro

---

* Será que Floyd Allport não foi um irmão mais velho como esse? De repente, a minha suposição de que ele só torturou o irmãozinho para forçá-lo a lhe dar a primeira autoria do artigo diz mais sobre mim do que sobre ele...

enquanto inspira, prende a respiração contando até quatro e expira contando até quatro. Depois, é só repetir.

Por fim, na técnica de respiração 4-7-8, você posiciona a língua no céu da boca e a mantém nessa posição durante todo o exercício. Solte todo o ar dos pulmões (soprando ruidosamente enquanto o ar passa pela sua língua através dos lábios quase fechados). Depois, inspire silenciosamente pelo nariz contando até quatro. Em seguida, prenda a respiração e conte até sete. Por fim, expire contando até oito, voltando a soprar fazendo barulho enquanto o ar passa pela sua língua. Repita por um minuto ou mais.

Como você deve ter imaginado, nenhuma dessas técnicas é melhor que a outra. O ideal é encontrar a mais confortável e eficaz para você. Os princípios por trás desses três exercícios (e praticamente todos os outros exercícios de respiração) consistem em controlar a respiração inspirando e expirando de forma longa, lenta e profunda, prestando atenção nos pulmões e concentrando-se na respiração. Ao fazer isso, você começa a desativar a resposta do sistema nervoso simpático e se acalma.

Relaxe o corpo

Respirar fundo não é a única maneira de relaxar o corpo. É importante incluir a respiração profunda em qualquer tentativa de se acalmar na hora, mas há outras técnicas que você pode usar. Uma delas é relaxar deliberadamente os músculos.

O relaxamento muscular progressivo é uma abordagem bastante utilizada, especialmente para tratar vários transtornos de ansiedade. Usando o mesmo princípio da respiração profunda, o objetivo é ativar o sistema nervoso parassimpático para combater o sistema de luta ou fuga. Em geral, a abordagem envolve tensionar um conjunto específico de músculos em uma parte do corpo, manter a tensão por alguns segundos e, em seguida, relaxar esses músculos. Com isso, você consegue relaxar esse grupo muscular. O relaxamento muscular progressivo consiste em fazer isso gradualmente, movendo-se de um grupo muscular a outro pelo corpo todo, e começar a sentir o corpo inteiro relaxando.

É claro que, em uma situação de agitação emocional, como quando alguém está com raiva de você, não haverá a chance de seguir uma rotina de relaxamento muscular progressivo. No entanto, nada impede que você tire um momento para tensionar o corpo deliberadamente por alguns segundos a fim de ter essa sensação de descontração ao relaxar os músculos.

Tire um momento para se ancorar

A ancoragem (*grounding*, em inglês) é o processo psicológico de nos trazer de volta a um estado de paz e relaxamento. De certa forma, é como encontrar o equilíbrio, um estado de conforto psicológico. Há várias técnicas de ancoragem, incluindo algumas que já vimos, como a respiração profunda ou o relaxamento muscular progressivo. Outras técnicas muito utilizadas incluem sair para uma caminhada, segurar um pedaço de gelo, mergulhar as mãos na água ou até levar consigo um objeto de ancoragem, como uma pedrinha que você gosta de esfregar entre os dedos. Só que nem sempre é fácil usar algumas dessas técnicas em um momento de agitação emocional. Nesses casos, sugiro usar o método 5-4-3-2-1.

Essa técnica inclui tirar um momento para identificar cinco coisas que você pode ver, quatro coisas que você pode tocar, três coisas que você pode ouvir, duas coisas que você pode cheirar e uma coisa que você pode saborear. Assim, se você estiver sentindo ansiedade, tensão ou até raiva, pode parar por um momento e olhar ao redor para se ancorar e reduzir esse turbilhão emocional. Quando chegar à coisa que pode saborear, você já deverá estar sentindo mais calma e controle.

Tenha um mantra

Em momentos emocionalmente carregados, um mantra pode ser uma forma muito eficaz de se acalmar. É fácil sentir que uma situação está saindo do controle quando alguém está com raiva de você. Você pode começar a não pensar direito e achar difícil se concentrar. Um mantra ou uma afirmação – algo que você diz a si mesmo internamente – pode ajudar a recuperar algum poder e senso de controle nesses momentos, fazendo lembrar da sua capacidade de superar a situação. Por exemplo, qualquer uma das afirmações a seguir pode ser útil nesses momentos:

- Confio na minha capacidade de superar isso.
- Estou no controle das minhas emoções.
- Eu consigo lidar com isso.
- Tudo passa, e isso também vai passar.
- Em momentos como este, sou _____ (paciente, gentil, forte etc.).

Você pode pensar nesses mantras como uma combinação de encorajamento, ressignificação da situação e até uma espécie de planejamento. Ao dizer a si mesmo que você tem o controle de si mesmo, está se encorajando a permanecer firme e se lembrando da importância de manter o controle. É, ao mesmo tempo, inspirador e prático.

DICA _____

Reserve um tempo para pensar em um mantra que faz sentido para você nesses momentos. Você pode até criar mantras específicos para determinadas situações nas quais corre o risco de interagir com uma pessoa com raiva.

Em suma

No fim das contas, nenhuma dessas ferramentas funcionará isoladamente o tempo todo. Não porque a ferramenta em si seja imperfeita, mas porque as situações variam tanto que você não tem como recorrer sempre a apenas uma abordagem. Por exemplo, pode haver momentos em que a ancoragem não vai ajudar porque você pode estar em um estado de tamanha perturbação que não conseguirá se ancorar. Em momentos como esses, pode fazer mais sentido usar a respiração profunda ou o relaxamento dos músculos. De qualquer maneira, a melhor abordagem pode envolver diversas estratégias.

Eu diria que uma das melhores coisas que você pode fazer em um momento de agitação emocional é seguir uma progressão relativamente rápida e padronizada. Assim que puder, reserve um tempo para fazer uma pausa e se recompor. Respire fundo, relaxe os músculos e ancore-se no momento presente enquanto tenta refletir sobre seus objetivos e pensar no que você pode fazer a seguir. Pode não ser possível fazer todas essas coisas na hora, dada a velocidade com que esses incidentes emocionalmente carregados podem acontecer, mas a progressão que acabei de descrever pode ser feita em apenas alguns segundos e ajudar a pensar com mais clareza.

Planejamento e ensaio

Parte do trabalho para manter a calma deve ser feito não no momento emocional em si, mas antes e até depois. Gosto de fazer uma comparação com um atleta criando uma estratégia antes de uma partida ou vendo um vídeo do jogo depois. Às vezes, é possível nos programar para esses eventos antes que eles aconteçam, e sempre podemos refletir sobre eles depois.

Prepare-se com antecedência

Como já vimos, parte de manter a calma quando alguém está com raiva de nós envolve decidir o tipo de pessoa que desejamos ser. Envolve decidir como nos vemos e colocar esses objetivos em prática no momento. Entretanto, podemos ser ainda mais deliberados em situações específicas. Embora muitas das situações que nos obrigam a lidar com pessoas com raiva sejam inesperadas, há outras que podemos antecipar e planejar – por exemplo, quando você toma uma decisão no trabalho que vai afetar negativamente um colega, quando diz a seu filho algo que você sabe que vai deixá-lo com raiva ou, simplesmente, quando você interage com alguém que tem uma tendência à raiva. Esses são exemplos de momentos nos quais a raiva não apenas é possível como também provável. E, por ser provável, você pode se preparar. Você pode entrar nessas situações esperando atingir certo grau de tensão e tomar decisões sobre o modo como lidará com suas emoções.

Por exemplo, vamos imaginar que você precisa dizer a um colega que não conseguiu terminar um projeto no prazo combinado. Você sabe que a culpa é sua. Você queria cumprir o prazo, mas teve outras demandas e acabou não conseguindo. Você conhece bem esse colega e sabe que ele ficará bravo. Pode ser apenas porque ele tende a ser agressivo ou hostil, ou talvez porque ele leve o trabalho muito a sério e poderá sentir que você o deixou na mão. Sabendo disso, você pode planejar o que pretende fazer diante da frustração dele. Pode refletir sobre a melhor maneira de lhe dar as más notícias. Pode identificar formas de resolver os problemas que você criou ao não cumprir o prazo. Pode até praticar o modo como tentará manter a calma quando ele ficar com raiva. Esse planejamento lhe dará mais controle da situação.

Reflita depois de passada a situação

Uma das melhores maneiras de aprender a manter a calma em um momento emocionalmente carregado é reservar um tempo para refletir depois. Mais especificamente, reflita sobre o que *você* fez no momento e sobre como você *poderia* ter lidado com a situação de outro jeito. Sei que pode soar estranho. Como pensar sobre a situação pode ajudar a manter a calma? Pense no atleta que vê a reprise do jogo. Ao analisar o que fez, você pode implementar importantes mudanças no futuro. Pode pensar em maneiras de lidar com situações parecidas da próxima vez. Pode identificar o momento exato em que você *deveria* ter feito uma pausa, quando teria sido melhor ter respirado fundo ou como poderia ter se ancorado no momento presente. Todas essas reflexões ajudarão a administrar suas emoções da próxima vez.

Um dia desses, conversei com uma pessoa que disse que se vê pensando nessas situações o tempo todo, mas que raramente consegue tirar alguma lição dessa ruminação. Ela contou que, ao relembrar as situações, sente o mesmo turbilhão de emoções. Sente que está revivendo a experiência e ficando agitada e tensa de novo (e de novo e de novo...).

Tenho duas coisas a dizer sobre isso. Para começar, é natural ficar tenso ao relembrar a situação depois. Na verdade, pode até ser bom, porque você pode usar a ocasião para praticar as estratégias de relaxamento que vimos. Se sentir agitação ao relembrar esses momentos, reserve um tempo para percorrer a progressão descrita anteriormente. Encontre um momento para fazer uma pausa, respire, relaxe os músculos, tente se ancorar no momento presente.

Em segundo lugar, um erro que muitas pessoas cometem nesses momentos é se concentrar demais no que a outra pessoa fez. Esse tipo de ruminação é muito comum. As pessoas ficam presas em "não acredito que ele fez isso comigo" em vez de pensar em como elas contribuíram para criar a situação e como reagiram a ela. Pensando na analogia da reprise do jogo, é como assistir ao jogo, mas só enxergar o outro time. A ideia é analisar a situação como um todo, o que inclui seu próprio papel na situação.

Nem todo mundo grita e xinga

É claro que, para fazer tudo isso, precisamos reconhecer que a pessoa está com raiva de nós. Só que nem sempre percebemos isso. Nem sempre é óbvio quando alguém está com raiva de nós. Afinal, nem todo mundo que está com raiva tem uma expressão estereotipada da raiva. Nem todo mundo sai por aí gritando e xingando. No próximo capítulo, veremos como a raiva pode ser expressa de várias maneiras.

CAPÍTULO 8

Estratégia 3:
Lembre-se de que a raiva
pode se manifestar
de várias maneiras

Sem gritos nem ataques

Outro dia, conversei com um homem que, à época, passava por problemas no relacionamento que se originavam, em parte, na forma como a esposa tendia a expressar a raiva. Ao contrário do que ocorria em muitos exemplos que compartilhei até agora, ela não gritava nem xingava quando ficava com raiva. Não saía socando nem quebrando as coisas. Não atacava com palavras ofensivas nem comentários passivo-agressivos, como muitas pessoas fazem. Não. Quando ficava com raiva, ela chorava.

Em geral, as lágrimas não eram dirigidas a ele nem a algo que ele havia feito. Ela ficava com raiva de algum inconveniente ou de alguma contrariedade e caía no choro. Ou tinha um desentendimento com alguém no trabalho e não conseguia segurar as lágrimas. No entanto, também acontecia de o choro ter sido provocado por uma discussão entre os dois. Ele me contou que, no início, quando isso acontecia, ele "ficava péssimo, como se tivesse feito algo errado de propósito só para magoá-la".

Entretanto, com o tempo, ele passou a se ressentir. "Parece que nunca posso discordar dela, porque ela começa a chorar assim que eu discordo." O padrão era bem simples. Eles discordavam em relação a algo relativamente sem importância, ele tentava conversar a respeito, ela começava a chorar e ele se sentia culpado. Ele acabava concordando com tudo só para ela não chorar.

O mais difícil nessa dinâmica era que ela sabia que tinha essa tendência, não gostava disso em si mesma, mas simplesmente não conseguia se conter. Enquanto ele ficava ressentido, ela se sentia constrangida e culpada. Grande parte do problema, para ele, originava-se no fato de ele não reconhecer o choro como uma expressão de raiva e frustração. Ele achava que o choro era um sinal de tristeza; então, quando ela chorava, seu raciocínio era: "Ela está triste por minha causa".

Na verdade, chorar é uma maneira muito comum, embora não muito discutida, de expressar a raiva. Há muitas explicações para isso, incluindo a ligação da raiva com a tristeza, o sentimento de impotência que, muitas vezes, ocupa o centro tanto da tristeza quanto da frustração, entre outras emoções. O importante, contudo, é saber que a raiva pode ser expressa de modos diferentes, e nem sempre é fácil reconhecer alguns deles como expressões de raiva.

UMA CURIOSIDADE SOBRE A RAIVA

Mais de 90% dos respondentes de uma pesquisa disseram ter sentido outra emoção negativa, como tristeza ou medo, como resultado da raiva no último mês.[54]

Externalização, internalização e controle

Comecei a estudar a raiva usando um teste chamado Inventário de Expressão de Raiva,[55] que mede quatro tipos de expressão de raiva:

- *Expressão Externalizada da Raiva*. Caracterizada pelos comportamentos que as pessoas em geral associam à raiva, como gritar, xingar, bater portas e socar coisas.
- *Expressão Internalizada da Raiva*. É o que costumamos chamar de supressão da raiva. Inclui reprimir as emoções, fazer birra e ficar emburrado.
- *Controle Externalizado da Raiva*. Inclui esforços deliberados de controlar o comportamento, deixando de agir em relação à raiva.
- *Controle Internalizado da Raiva*. Inclui estratégias como respiração profunda ou outras maneiras de se acalmar.

Embora existam dois tipos de *Controle da Raiva* – o *Externalizado* e o *Internalizado* –, sempre optei por combinar os dois porque as diferenças não são muito significativas.

Eu gostava da simplicidade disso, mas logo vi que era simplista demais. As pessoas expressam a raiva de maneiras diferentes, e essas três ou quatro categorias não cobrem todas as expressões. Algumas pessoas tocam ou ouvem música quando ficam com raiva. Outras escrevem poesia. Algumas procuram um amigo para desabafar e pedir conselhos, e outras usam a internet para dizer ao mundo por que estão furiosas.

Além disso, há todas as diferentes formas de pensar sobre os diferentes eventos enfurecedores, e essas diferentes formas de pensar levam a diferentes formas de agir. Alguém que fica com raiva e começa a catastrofizar ("Isso vai acabar com o meu dia!") expressa e administra sua raiva de maneira diferente de alguém que se volta ao lado positivo da vida ("Poderia ser pior!"). Esses diferentes tipos de pensamento levam a diferentes comportamentos, por isso as pessoas com raiva podem diferir muito entre si.

Expressões comuns de raiva

Vamos, a seguir, detalhar alguns dos comportamentos mais comuns causados pela raiva.

Estratégia 3: Lembre-se de que a raiva pode se manifestar de várias maneiras

Agressão física ou verbal

A agressão física e/ou verbal é o comportamento mais associado à raiva. Algumas pessoas expressam a raiva tentando magoar ou ferir alguém ou quebrar alguma coisa, utilizando-se da agressão física (como bater, empurrar ou socar) ou dizendo coisas ofensivas e cruéis. Podem fazer sinais obscenos a motoristas quando estão dirigindo ou gritar palavrões se sentirem que alguém as atrasou. Esse tipo de agressão também pode englobar a pessoa que atira no chão o controle remoto da televisão quando seu time perde, ou que sai batendo a porta ou dá um murro na parede. Nesses casos, pode não haver a intenção de quebrar alguma coisa; é apenas uma expressão física da raiva que a pessoa está sentindo.

No entanto, até essas expressões agressivas externas podem ter manifestações diferentes das esperadas. A agressão motivada pela raiva nem sempre é direta. Por exemplo, as pessoas podem expressar a raiva tentando prejudicar os outros indiretamente, espalhando boatos ou deixando intencionalmente de fazer algo que disseram que fariam (a chamada "agressão passiva"). Essas expressões indiretas de raiva podem parecer totalmente diferentes das outras formas de agressão física e verbal.

Ficar emburrado ou se fechar

O oposto da agressão física e verbal pode ser representado por aquelas pessoas que expressam a raiva se fechando ou fazendo birra. Esse comportamento é comum em pessoas que tendem a evitar conflitos. Elas ficam com raiva, mas, como não se sentem à vontade para expressá-la, mesmo de forma positiva e pró-social (ou seja, de maneiras que podem beneficiar outras pessoas ou a sociedade como um todo), afastam-se dos outros, especialmente de quem estão com raiva. Podem se isolar, se trancar ou sair para dirigir.

> **DICA**
>
> Algumas pessoas que preferem se fechar quando estão com raiva, na verdade, só querem um tempo para ficar sozinhas. Tente encontrar o equilíbrio entre ser insistente ou apenas dizer que você está aberto para conversar quando a pessoa quiser.

Entretanto, ficar emburrado ou se fechar também pode ser uma forma de manipulação. Nesse caso, não é uma consequência natural do desconforto resultante do conflito, mas, sim, um mecanismo para tentar influenciar as pessoas. As pessoas que fazem isso ficam emburradas para tentar controlar os outros, basicamente dizendo coisas como "Agora, você que se vire para reparar o dano que causou". Para elas, é uma forma de revidar e se vingar que não inclui socos nem ofensas.

Supressão

Em vez de fazer birra ou se fechar, algumas pessoas apenas engolem seus sentimentos de raiva... talvez até para si mesmas. Elas podem dizer que está "tudo bem", mesmo estando frustradas e furiosas. No Inventário de Expressão de Raiva que mencionei anteriormente, esse tipo de expressão – chamado de *Expressão Internalizada da Raiva* – é avaliado por meio de questões como "posso morrer de raiva por dentro, mas não demonstro" ou "tendo a guardar rancor e não falar com ninguém a respeito".

Esse tipo de supressão da raiva pode ser invisível para os outros. É diferente de ficar de birra ou se fechar, porque, no caso dessas formas de expressão da raiva, a pessoa pode reconhecer que está com raiva, mas não querer falar a respeito. A pessoa repete, basicamente, algo como "estou com raiva, mas não quero falar sobre isso e prefiro ficar sozinha". No entanto, no caso da supressão da raiva, a pessoa simplesmente não revela que está com raiva. Ela não admite que está com raiva mesmo se você perguntar diretamente. Você pode achar ou até saber que a pessoa está com raiva, mas ela não vai admitir.

Sarcasmo

O doutor Clifford Lazarus – conhecido e respeitado psicólogo clínico – afirmou que "o sarcasmo é, na verdade, hostilidade disfarçada de humor".[56] Não sei se é sempre o caso, mas há um quê de verdade nisso. O sarcasmo pode, sim, ser motivado pela raiva, e as pessoas podem usá-lo para lidar com as frustrações, tanto as menores quanto as mais graves. O computador trava e elas soltam um: "Ah, que maravilha!". Alguém pergunta se a pessoa precisa de ajuda para fazer uma tarefa com a qual ela claramente está tendo dificuldade e ela responde: "Não, não. Estou adorando fazer isso sozinho".

O sarcástico nem sempre tem a intenção de ser hostil. Na verdade, o sarcasmo pode ser uma forma de minimizar o sofrimento. Como outras expressões de humor, o sarcasmo pode ser um modo de aliviar a tensão e dar mais leveza às interações sociais. Quando algo ruim acontece com a pessoa, em vez de reconhecer diretamente a frustração e o desapontamento, ela pode dizer: "Que ótimo!" ou "Não podia ter acontecido em melhor hora!". No entanto, o sarcasmo também pode ser uma forma semiagressiva de comunicação. As pessoas podem usar o sarcasmo para expressar decepção. Por exemplo, se uma pessoa avisou um colega sobre um possível problema e foi ignorada, ela pode dizer "mas que surpresa!" quando o problema ocorrer. Em momentos como esses, o sarcasmo é uma forma passivo-agressiva de dizer: "Eu avisei".

Difusão

Às vezes, as pessoas direcionam a raiva a outras atividades, muitas vezes, saudáveis, como tocar um instrumento musical ou escrever. Elas podem canalizar a energia resultante da raiva ao trabalho ou a um *hobby*. Esse uso da difusão pode se manifestar de algumas formas diferentes. Pode ser uma estratégia para se manter ocupado e se distrair. As pessoas usam a atividade para pensar em outra coisa em vez de se concentrar no motivo da raiva. Podem jogar videogame, sair para uma caminhada ou limpar a casa.*

Também pode ser uma maneira de lidar com os sentimentos de raiva. As pessoas podem escrever em um diário sobre o incidente como um modo de processar a raiva. Podem escrever poesia ou criar alguma outra forma de arte para expressar os sentimentos. Essas formas de expressão servem mais para nos ajudar a entender melhor os sentimentos de raiva e nos ensinar a lidar com eles do que para nos distrair. É claro que pode haver uma linha tênue entre escrever para compreender o incidente e os sentimentos envolvidos e escrever um textão agressivo não para processar os sentimentos, mas só para extravasar. A primeira forma pode ser útil e terapêutica, mas a última pode nos fazer mal.

Assertividade

Há, é claro, maneiras de expressar raiva diretamente à pessoa que a causou sem envolver agressão ou hostilidade. Muitas pessoas são assertivas ao expressar sua raiva. Elas expressam a raiva de forma direta, confiante e sincera, sem a intenção de ofender nem magoar. Essas expressões não incluem insultos nem crueldade intencional. Não envolvem ataques pessoais nem tentativas de vingança. Não generalizam, e se referem apenas à situação específica. A ideia é resolver os problemas minimizando o conflito.

---

* Uma vez, perguntei aos meus alunos o que eles faziam quando estavam com raiva. A primeira pessoa a levantar a mão respondeu: "Tricô!". Dá para compreender por que tricotar seria uma boa maneira de dissipar a raiva, por ser uma atividade tranquila, que traz bem-estar e requer foco. Consciente disso, eu não me surpreenderia se alguém tivesse respondido que gostaria de sair esfaqueando as coisas.

> **DICA**
>
> Não confunda assertividade com agressão. Uma pessoa que está com raiva de você pode lhe dizer isso diretamente e sem a intenção de ofender (assertividade), o que é muito diferente de alguém que tenta agredir você no âmbito verbal ou físico quando está com raiva (agressão).

A assertividade motivada pela raiva é relativamente rara. Afinal, é muito difícil sermos assertivos quando estamos com raiva. A emoção provocada pela raiva, muitas vezes, inclui o desejo de atacar, de modo que requer muito controle fazer uma pausa e expressar a raiva de maneira direta, mas sem intenção de ofender. É um talento que a maioria das pessoas não tem. Sabendo disso, algumas pessoas realmente dominam essa capacidade; então, é comum sua raiva passar despercebida pelos outros. Graças a sua capacidade de manter a calma e falar diretamente sem gritar ou xingar, as pessoas não reconhecem sua raiva nesses momentos. Devemos nos lembrar de que a raiva pode se manifestar de diversas maneiras; por isso, o fato de uma pessoa estar aparentemente tranquila não quer dizer que ela está se sentindo calma por dentro.

Respiração profunda ou relaxamento

Quando meu caçula, hoje com 11 anos, começa a ficar com raiva, a primeira coisa que ele faz é abaixar os braços, encolher os ombros, olhar para a frente e respirar fundo. Nesses momentos, parece que ele está desligando tudo ao redor e se concentrando apenas em manter a calma. Como vimos no capítulo anterior, essa é uma das formas como a raiva pode se manifestar. Alguma coisa acontece (o gatilho), a pessoa começa a ficar com raiva e tenta rapidamente se acalmar, respirando fundo ou usando alguma outra técnica de relaxamento.

Isso pode acontecer por motivos diferentes. A princípio, pode ser um esforço deliberado, como já descrevi, para manter a calma na tentativa de preservar o relacionamento ou atingir o objetivo desejado. A pessoa está com raiva, mas está se empenhando ativamente para interagir com você de maneira saudável, sem agressividade nem hostilidade. Também, algumas pessoas tentam manter a calma dessa maneira não porque acham que isso levará a um resultado melhor, mas porque não se sentem à vontade ou até têm medo de seus sentimentos de raiva. A raiva incomoda muito essas pessoas, então elas fazem de tudo para tentar minimizá-la.

Exercícios físicos ou catarse

Como vimos no capítulo anterior, o erro mais frequente no que diz respeito à raiva é achar que expressá-la por meio da agressão "com segurança" é uma boa maneira de liberar a raiva. Embora essa ideia tenha sido derrubada por 50 anos de pesquisas, é muito comum as pessoas me dizerem que essa é sua abordagem preferida para lidar com a raiva indesejada. Quando estão com raiva, elas vão a um "lugar seguro" onde podem socar uma almofada ou um saco de pancadas para lidar com essa raiva.

Uma variação disso é exercitar-se intensamente para lidar com a raiva. O processo é um pouco mais complexo, mas, como acontece com a catarse, exercitar-se com raiva pode acabar tendo consequências indesejadas. Os exercícios físicos elevam a frequência cardíaca e intensificam a respiração quando o corpo precisa exatamente do contrário. O coração já está batendo forte em consequência da raiva; então, exercitar-se nesse momento simplesmente mantém ativa a fisiologia da raiva. Assim sendo, exercitar-se pode até desencadear sentimentos de raiva por meio do processo de "transferência de excitação", que já discutimos, pelo qual a ativação cardiovascular induzida pelo exercício pode aumentar a propensão de reagir com raiva a uma provocação.

Choro

Uma reação muito comum e um tanto incompreendida à raiva é o choro. Digo "incompreendida" porque é comum ouvir a explicação de que as pessoas choram quando estão com raiva porque a raiva é secundária em relação aos sentimentos de tristeza. A pessoa, na verdade, não está com raiva. Ela está triste, e as lágrimas refletem essa tristeza. Pode até ser em alguns casos, mas é mais comum essas lágrimas não passarem de uma resposta natural, normal e até saudável ao sentimento de raiva.

Afinal, as pessoas choram por muitas razões que não têm relação direta com a tristeza. Choram quando sentem dor física, quando estão com medo, quando estão felizes ou até quando sentem empatia pelas emoções de outra pessoa. As lágrimas são uma ferramenta de comunicação; sinalizam que você não está bem ou que está sentindo emoções intensas. Pense no choro como um comportamento básico de busca de ajuda que proporcionou uma vantagem evolutiva aos nossos ancestrais. Os que comunicavam o sofrimento chorando tiveram mais chances de obter ajuda e, portanto, mais chances de sobreviver.

As lágrimas ainda têm essa função. Evidências disso podem ser encontradas em um estudo de 2013 conduzido por Martijn Balsters e seus colegas.[57] Esses pesquisadores mostraram aos participantes fotos de semblantes tristes ou neutros, mas acrescentaram lágrimas à metade das fotos. As imagens foram exibidas muito rapidamente – apenas 50 milissegundos cada. Em seguida, os pesquisadores pediram aos participantes que identificassem (1) qual emoção os rostos estavam expressando e (2) se a pessoa estava precisando de ajuda. Os participantes reconheceram a necessidade de ajuda, e com mais rapidez quando a foto apresentava lágrimas visíveis. O choro comunica uma necessidade real de ajuda; então, as pessoas percebem essa necessidade.

Três maneiras de lidar com pessoas com raiva

O que tudo isso quer dizer no contexto de lidar com pessoas com raiva? Algumas coisas. Vejamos a seguir.

Ninguém usa o mesmo estilo de expressão o tempo todo

Ninguém faz a mesma coisa sempre que está com raiva. As pessoas têm diferentes reações de raiva, conforme o momento e a situação.

O contexto afeta muito a expressão da raiva; portanto, o que as pessoas fazem em uma situação é diferente do que fariam em outra (a maneira como expresso minha raiva com meus filhos é diferente da maneira como a expresso com meus amigos ou meu chefe). Não poderia ser diferente. Sou responsável pela criação dos meus filhos e, se estou frustrado com o comportamento inadequado deles, devo agir de acordo com essa frustração de uma forma específica (como encorajá-los a agir de outro jeito). Já o meu relacionamento com meu chefe é muito diferente, e eu teria objetivos diferentes se estivesse frustrado com ele. Esses objetivos diferentes naturalmente levariam a uma expressão diferente.

Cada pessoa tem um estilo mais ou menos "automático" de expressão da raiva

As pessoas *podem* fazer muitas coisas diferentes quando estão com raiva (conforme o contexto), mas cada uma tende a dar preferência a alguns estilos de expressão específicos. Isso acontece, especialmente, no caso de expressões mais automáticas e difíceis de controlar (como chorar ou gritar), que acontecem tão rapidamente que são árduas de reprimir mesmo quando a pessoa quer. Se alguém com quem você interage com frequência é uma pessoa com raiva, é interessante saber como ela *tende* a agir quando está com raiva. Alguns problemas que ocorrem nesses momentos intensos resultam da incapacidade de reconhecer o que a pessoa realmente está pensando e sentindo.

Tente descobrir por que a pessoa tende a expressar a raiva dessa maneira

Por fim, ao lidar com uma pessoa com raiva, é importante saber de onde vêm esses diferentes estilos de expressão e por que a pessoa está expressando a raiva dessa maneira. O tipo preferencial de expressão da pessoa, intencional ou não, provavelmente reflete algo mais profundo. Uma tendência a chorar pode refletir sentimentos de desamparo ou impotência. Uma propensão a gritar pode ser uma tentativa de aterrorizar as pessoas para controlá-las. Uma predisposição a respirar fundo pode sinalizar uma tentativa de se acalmar para navegar pela raiva de forma mais produtiva. Essas diferentes expressões refletem os problemas e as necessidades de cada pessoa; assim sendo, uma das melhores maneiras de lidar com pessoas com raiva é entendê-las e descobrir suas motivações.

Como entender a raiva pela perspectiva da pessoa

Reconhecer a raiva da pessoa é apenas uma parte da tarefa de realmente entender a pessoa com raiva. Para ter uma boa ideia das motivações da pessoa, precisamos passar um tempo refletindo sobre os acessos de raiva do ponto de vista dela. Precisamos entender o que provocou a raiva (o gatilho), como a pessoa interpretou a provocação e o estado de espírito da pessoa no momento da provocação. Tente entender o incidente de raiva do ponto de vista da pessoa. Veremos como fazer isso no próximo capítulo.

CAPÍTULO 9

Estratégia 4:
Tente entender o acesso
de raiva do ponto de vista
da pessoa

Ele está com raiva porque...

Em 1991, quatro pesquisadores começaram a investigar a extensão em que as crianças entendem situações emocionais.[58] Eles queriam determinar se as crianças eram capazes de identificar as emoções quando as sentiam e se podiam entender as situações que levavam a essas emoções. No estudo, os pesquisadores observaram crianças pequenas em uma creche. As crianças foram divididas em três grupos, com base na idade. Aquelas do grupo de crianças mais novas tinham de 39 a 48 meses, as do grupo do meio tinham de 50 a 62 meses e as do grupo de crianças mais velhas tinham de 62 a 74 meses. Os pesquisadores ficaram observando e esperaram até que uma das crianças demonstrasse uma "expressão clara de felicidade, tristeza, raiva ou sofrimento". Sempre que isso acontecia, o observador anotava o sentimento e a causa, avaliava a intensidade da emoção e se aproximava de uma criança que estava por perto, mas não envolvida no incidente emocional. O observador fazia duas perguntas a essa criança:

- Como [a criança que expressou a emoção] está se sentindo?*
- Por que [a criança que expressou a emoção] está sentindo [o sentimento fornecido pela criança que observou o incidente]?

Os observadores registravam as respostas para que elas pudessem ser codificadas depois e voltavam a observar.** O objetivo era determinar a habilidade das crianças de interpretar as emoções de outras crianças e a capacidade delas de identificar por que essas emoções estavam sendo sentidas. Em outras palavras, os pesquisadores estavam basicamente comparando as respostas das crianças com as respostas dos observadores.

Os resultados revelaram algumas diferenças relacionadas à idade e à emoção. As crianças tiveram mais chances de identificar corretamente a felicidade do que outras emoções, e essa habilidade melhorava conforme a idade. O grupo de crianças mais velhas foi capaz de identificar corretamente a emoção 83% das vezes. As crianças desse grupo também foram capazes de fornecer uma explicação geral e precisa da *causa* da emoção pelo menos 74% das vezes. Até o grupo mais jovem, formado por crianças de três e quatro anos, conseguiu identificar com precisão a emoção e a causa em aproximadamente dois terços das vezes.

UMA CURIOSIDADE SOBRE A RAIVA

A maioria das crianças é capaz de identificar corretamente as emoções em situações da vida real.

---

* Esse estudo também revelou que os meninos expressavam "uma raiva significativamente mais evidente e uma tristeza menos evidente que as meninas", sem que os pesquisadores tenham observado alguma diferença em relação à idade. Deste modo, a diferença de gênero no aprendizado das expressões emocionais que discutimos no Capítulo 3 parece ocorrer antes dos três anos de idade.

** Sempre me impressiona ver o quanto os pesquisadores podem ser meticulosos (e sempre me irrita ver como as pessoas não hesitam em ignorar essas pesquisas para ater-se a relatos subjetivos).

Gosto desse estudo porque ele revela como as crianças começam a entender cedo as situações emocionais. É fascinante ver como crianças tão pequenas já são capazes de refletir sobre as emoções do ponto de vista de outra pessoa. Quando bebês, éramos simplesmente incapazes de conceber a ideia de que as outras pessoas tinham pensamentos e sentimentos. Chorávamos de madrugada, sem ter ideia de que nossos pedidos de ajuda podiam estar causando estresse, cansaço ou até frustração em nossos cuidadores. Não tínhamos noção de que os outros poderiam estar pensando coisas sobre nós ou até nos julgando, e vivíamos muito felizes assim. Esse entendimento vem depois... e, com ele, uma série de novas emoções como vergonha, constrangimento e orgulho. No entanto, de acordo com o estudo, em apenas alguns anos passamos de zero consciência dos sentimentos dos outros a crianças capazes de entender as emoções quase tão bem quanto a maioria dos adultos.*

Não é por acaso. A capacidade de entender situações emocionais foi crucial para a sobrevivência dos nossos ancestrais. Saber que outra pessoa ou um animal estava com raiva deles os ajudou a evitar conflitos e a ficar em segurança em situações potencialmente hostis. Saber por que uma pessoa estava triste os ajudou a lidar com a perda de uma forma que beneficiava o grupo. Reconhecer o medo nos outros é uma habilidade simplesmente adaptativa porque, se os outros estão com medo de algo, é recomendável ficar com medo também.

No mundo de hoje, saber o que os outros estão pensando – e por quê – é uma habilidade importante para o sucesso em praticamente qualquer atividade interpessoal. Um líder que entende e usa as emoções com eficácia é mais capaz de motivar sua equipe. Um pai que

---

* Devo admitir que uma das coisas que me pergunto sobre esse estudo é se não seria possível interpretar que os adultos é que não melhoram muito nessa habilidade depois dos seis anos de idade. Se alguém fizesse um estudo o qual revelasse que a maioria das crianças é capaz de ler tão bem aos seis anos quanto a maioria dos adultos, não ficaríamos preocupados com os leitores adultos?

sabe o que o filho está sentindo, e por quê, pode atender melhor às suas necessidades emocionais. Quando ouço as pessoas reclamando dos colegas, percebo que a maioria dessas reclamações não se refere ao trabalho. São queixas sobre déficits emocionais. Quando as pessoas reclamam que os colegas são esquisitos, insensíveis e desrespeitosos, estão revelando um déficit de habilidades emocionais.

Em suma, a capacidade de entender o ponto de vista de alguém que está com raiva é uma habilidade fundamental para lidar com essas pessoas. Não basta saber que elas estão com raiva nem ter uma vaga ideia da causa. Lidar com pessoas com raiva requer entender a raiva do ponto de vista delas; por isso, eu incentivo que você veja *o incidente* sob a perspectiva delas.

Como entender um incidente de raiva

Passei grande parte do meu último livro, *Desconstruindo a raiva*, descrevendo como entender um incidente de raiva. Com base em um modelo delineado pelo doutor Jerry Deffenbacher,[59] entender um incidente de raiva inclui identificar três fenômenos interativos que levam à raiva: um precipitante, o estado pré-raiva e o processo de avaliação. Observe que esses fatores interagem entre si. O precipitante é a provocação. É aquilo que você normalmente identifica como tendo *causado* a raiva. Estou com raiva porque ele não levou o lixo para fora como eu pedi. Estou com raiva porque ele levou os créditos pelo meu trabalho. Esse precipitante pode ser visto como uma faísca e, nesse sentido, ele de fato causa a raiva. Imagine jogar um fósforo em uma pilha de trapos embebidos com gasolina. Sim, o fósforo deu início ao fogo, mas os trapos pioraram a situação.

Em geral, quando ficamos com raiva, não é só aquela faísca que causa nossa raiva. O que estamos fazendo e sentindo no momento da provocação também faz diferença. Deffenbacher chama isso de estado pré-raiva, que inclui nosso estado fisiológico e emocional no momento em que somos expostos ao precipitante. Podemos estar cansados, com fome, estressados, tristes, ansiosos, ou com raiva de alguma outra coisa, com muito calor ou muito frio, fisicamente desconfortáveis ou em qualquer outro dos incontáveis estados que podem aumentar nossa raiva quando somos expostos a algo aversivo.

Imagine, por exemplo, que você chega ao trabalho e abre um e--mail de um colega dizendo que não terminou uma tarefa que você esperava que ele terminasse naquele dia. Isso, por si só, pode ser motivo suficiente para a sua frustração.* Você estava contando com algo que seria feito naquele dia e, quando viu que isso não aconteceria, ficou com raiva. Seus objetivos foram bloqueados e a raiva é uma resposta normal, e até saudável, a esse tipo de provocação. Agora, imagine a mesma situação, mas dessa vez depois de uma noite sem dormir ou de ficar horas no trânsito a caminho do trabalho (ou ambas as situações). Você concorda que a mesma provocação pode parecer muito pior depois de uma manhã difícil ou de uma noite sem dormir?

> **DICA**
>
> Entender um incidente de raiva do ponto de vista da pessoa não significa que você deve tolerar ofensas ou agressões dessa pessoa. É importante saber separar o sentimento do comportamento.

Uma das razões da importância do nosso humor no momento da provocação é que nosso estado de espírito afeta o terceiro aspecto que nos leva à raiva: o processo de avaliação. A avaliação refere-se à maneira como interpretamos o precipitante. O que decidimos que o

---

* É claro que inúmeros fatores contextuais podem afetar a intensidade de sua raiva em uma situação como essa: seu relacionamento com o colega; o fato de ele nunca (ou sempre) entregar as tarefas no prazo; a importância da tarefa para o projeto; se a explicação do colega faz sentido; as consequências de ele não ter entregado a tarefa a tempo. Todos esses fatores fazem alguma diferença, mas também dependem de algum grau de interpretação e avaliação, o que ocorre mais adiante no processo.

precipitante significa no contexto da nossa vida? Quem achamos que é o responsável? O precipitante poderia ter sido evitado? Até que ponto o precipitante é ruim? As coisas que acontecem conosco não são necessariamente boas nem ruins por natureza. Decidimos se elas são boas ou ruins com base no que elas significam para nós. Um dia ensolarado e sem nuvens pode ser ótimo para alguém que está prestes a passar o dia na praia. No entanto, esse mesmo dia pode ser frustrante para um lavrador que está passando por uma estiagem e está vendo sua plantação secar.

Quando as pessoas percebem as situações como injustas ou cruéis, ou sentem que estão interferindo em seus planos, têm mais chances de ficar com raiva. É nesse ponto que os pensamentos que discuti nos Capítulos 3, 4 e 5 entram em jogo. As pessoas que costumam se engajar em pensamentos do tipo "tudo ou nada", ideias do que os outros "deveriam" fazer ou em catastrofização têm muito mais probabilidade de ficar com raiva.

Por que é bom entender a raiva do outro?

A capacidade de entender o incidente de raiva da perspectiva da pessoa com raiva vai ajudar você a lidar com ela. Tente entender a raiva da pessoa avaliando os três elementos da experiência da raiva do ponto de vista da pessoa. Qual foi o precipitante? Como estava o humor dela no momento da ocorrência do precipitante? Como ela interpretou esse precipitante como sendo uma provocação?

Na época da faculdade, eu passava as férias trabalhando em uma fazenda com um chefe que vivia com raiva de mim.* Uma das minhas responsabilidades era levar crianças para passear de trator pela fazenda. Como não havia celular na época, era comum eu ficar ina-

---

* Em sua defesa, devo confessar que eu não era muito bom nesse trabalho. No pouco tempo que passei trabalhando lá, quebrei vários tratores e tive um incidente infeliz no qual banhei a cozinha toda e um dos donos da fazenda com uns 20 litros de cidra de maçã.

cessível durante um passeio. Em geral, não fazia diferença. Os passeios duravam mais ou menos uma hora, e eu sempre voltava a tempo para o próximo.

No entanto, um dia, um grupo que tinha marcado um passeio chegou muito atrasado. Outra chefe me disse para levá-lo e informou que ela encontraria outra pessoa para fazer o próximo passeio, considerando que eu não voltaria a tempo. Saí para o passeio, que durou cerca de uma hora. Quase no fim do passeio, quando parei para mostrar alguma coisa aos clientes, meu chefe chegou furioso.

Assim que chegou, ele me perguntou com um sorriso falso e um tom sarcástico: "Ei, Ryan, que horas são?".

Eu não estava usando um relógio, mas calculei as horas com base no tempo de duração do passeio. Ele pareceu surpreso quando dei a resposta certa, mas, mesmo assim, disse com raiva: "Nada disso. Dê uma olhada na droga do seu relógio e me diga que horas são!".

"Você sabe que eu não uso relógio, mas sei que são…"

"É isso aí. Você não tem uma droga de um relógio", ele me interrompeu, "e não sabe que está atrasado para o próximo passeio. Você precisa arranjar uma droga de um relógio."

"Eu sei que horas são", eu repliquei. "Eles chegaram atrasados, e a *Fulana* me mandou trazê-los para o passeio e me disse que outra pessoa faria o próximo passeio."

Ele ficou pasmo. É claro que ele não sabia dessa informação, então, ficou sem palavras. A propósito, tudo isso estava acontecendo na frente dos clientes, o que tornou a situação toda ainda mais bizarra e embaraçosa. Depois de um silêncio longo e constrangedor, ele disse: "Bem, eu não tinha como saber disso. Obrigado por avisar. Vou voltar lá para ver quem vai cuidar do próximo passeio!".

Depois de dizer isso, ele se afastou, deixando-me sozinho para lidar com os clientes constrangidos. Vamos fazer uma pausa para analisar a situação. Vou começar deixando claro que acho que ele se comportou muito mal. Ele reagiu sem ter conhecimento da situação, me destratou sem necessidade e criou um clima de constrangimento para si mesmo, para mim e para os clientes. Mesmo se eu estivesse errado, dando-lhe um bom motivo para ficar com raiva, ele poderia ter reagido de muitas maneiras melhores e mais produtivas.

Como considerar a situação da perspectiva da pessoa

Veja, a seguir, como analisar o incidente em três passos.

Passo 1: o precipitante

O precipitante é simples (em geral, é). Eu não estava onde ele achava que eu deveria estar e não havia ninguém para cuidar do próximo passeio. Isso se encaixa perfeitamente na categoria de provocações do tipo bloqueio de objetivos. Ele queria que os clientes tivessem uma boa experiência, e começar um passeio atrasado porque eu não estava disponível o impediu de atingir esse objetivo.

Passo 2: o estado pré-raiva

É um pouco mais difícil identificar qual era seu estado pré-raiva, mas posso apostar que ele estava estressado e um tanto ansioso. Era uma fazenda produtiva, que muitas famílias iam visitar nos fins de semana, sobretudo no verão. Havia muito trabalho e todos viviam ocupados com diversas tarefas. Ele devia estar nervoso, em consequência de todo o estresse. Ele e os outros funcionários da fazenda também trabalhavam muito nos fins de semana na alta temporada, começando de manhã bem cedo, antes de abrir ao público, e continuando até à noite, para dar conta das tarefas da fazenda. Acredito que ele também devia estar exausto.

Passo 3: a avaliação

O mais interessante nessa situação, contudo, é a avaliação. É interessante imaginar o que ele pode ter pensado a respeito da situação e das pessoas envolvidas. Vamos analisar a situação isoladamente para tentar entender o que ele poderia estar pensando a meu respeito. Do ponto de vista dele, um grupo de clientes chegou para ser atendido e eu não estava lá para atendê-lo. Isso imediatamente desencadeou ideias do tipo "o que os outros 'deveriam' fazer", como:

- "O Ryan deveria estar aqui."
- "É o trabalho dele."
- "O que ele pensa que está fazendo?"

Ele também devia estar obcecado com as consequências de não ter um guia para atender o grupo e talvez até catastrofizando essas consequências (achando que a situação era muito mais negativa do que realmente era).

- "Vamos ser obrigados a reembolsar o grupo."
- "Vai acabar com a reputação da fazenda."
- "Tenho um milhão de coisas para fazer e ainda vou ser obrigado a cuidar deste passeio."

Essa avaliação tem grandes chances de levar à raiva. Qualquer pessoa que passar por uma situação como essa e a avaliar dessa maneira provavelmente ficará com raiva. Contudo, é ainda pior quando levamos em consideração as percepções dele sobre mim. Eu não era muito bom nesse trabalho. Era um funcionário responsável em muitos aspectos – chegava na hora, fazia o que me mandavam, interagia bem com os clientes, mas simplesmente me faltava muito conhecimento para ser bom nesse trabalho. Praticamente, eu não sabia nada sobre tratores ou motores antes de trabalhar lá, mas passava grande parte do dia dirigindo tratores. Os tratores da fazenda eram, em sua maioria, velhos e se encontravam em mau estado de conservação; então, quando eles quebravam, eu nunca sabia o que fazer (nem tinha o conhecimento

Estratégia 4: Tente entender o acesso de raiva do ponto de vista da pessoa   173 necessário para me adiantar aos problemas mecânicos, como os outros funcionários).

Na visão do meu chefe, eu vivia envolvido em problemas (e, do ponto de vista dele, *causando* esses problemas). Então, quando ele viu que eu não estava lá para fazer o passeio, concluiu que eu era o culpado. Como já vimos, esse tipo de atribuição errônea de causalidade pode exacerbar nossa raiva. Para piorar ainda mais a situação, ele presumiu que eu não estava lá para fazer o passeio porque eu não tinha um relógio e não sabia que horas eram.[*] No fim das contas, ele estava errado. A culpa não foi minha e eu sabia que horas eram, mas, do ponto de vista dele, foram esses os fatores que causaram a situação (uma situação que ele considerava ser relativamente catastrófica).

Além de tudo isso, ele atribuía a mim alguma rotulação excessiva, acreditando que eu era "irresponsável", "burro" ou até algo pior. Esses rótulos que atribuímos às pessoas nesses momentos de raiva são importantes, porque, quando rotulamos as pessoas, começamos a pensar nelas como se realmente fossem do jeito que imaginamos. Os rótulos passam a ser lentes através das quais vemos as pessoas. Isso agravou o problema de percepção porque meu chefe começou a pensar em mim como um funcionário burro e irresponsável e desconsiderou as partes do trabalho que eu fazia bem ou todas as provas que eu já tinha dado de que era um funcionário responsável.

Então, juntando tudo, temos um chefe exausto e estressado (o estado pré-raiva) diante de uma situação em que seus objetivos estão sendo bloqueados (o precipitante) de uma forma que ele considera constrangedora e catastrófica (a avaliação). A situação foi causada por um funcionário irresponsável (a avaliação). Ele ficou furioso (o estado

---

[*] Por razões que não tenho como explicar, ele se incomodava muito com o fato de eu não ter um relógio. Acho que fazia parte de alguma crença que ele mantinha de que as pessoas responsáveis deveriam comportar-se de maneiras específicas ("as pessoas responsáveis deveriam ter um relógio"). É engraçado, porque eu sempre sabia que horas eram e nunca me atrasava muito; no entanto, era importante para ele que eu tivesse um relógio.

emocional) e expressou sua raiva indo atrás de mim e sendo grosseiro comigo (a expressão da raiva).

Como usar essas informações para desescalonar a situação

O que eu, a vítima da explosão de raiva, posso aprender com essa análise? Duas coisas, como veremos a seguir.

Como intervir

A princípio, a análise me ajuda a saber em que ponto devo intervir durante a explosão. No caso, a raiva provinha de algumas fontes específicas:

- estresse e exaustão;
- falta de informação; e
- percepções que ele tinha a meu respeito, como se eu fosse um funcionário irresponsável.

Sendo subordinado dele, não cabia a mim tentar resolver o problema do estresse e da exaustão. Mesmo se fosse o caso, seria difícil fazer isso no meio da explosão. Ninguém gosta de ouvir um pedido para relaxar ou fazer uma pausa (especialmente se vier de um funcionário). O que eu pude fazer foi tentar lidar com a desinformação dele. No caso, bastou esclarecer os fatos para desescalonar a situação.

Como entender os padrões

Além disso, ao longo do tempo, quando você interage regularmente com uma pessoa com raiva, a análise de incidentes de raiva como esse pode dar uma ideia dos padrões dessa pessoa.

No caso, acontecia muito de meu chefe ficar com raiva de mim porque ele já me via como um funcionário irresponsável e incompetente. Posso tentar lidar com essas percepções procurando ter uma conversa direta ("Parece que você acha que sou irresponsável. Podemos conversar sobre o que eu posso fazer para mudar isso?") ou usando abordagens indiretas (por exemplo, encontrando maneiras de mostrar que sou responsável e competente). Quando conhece uma pessoa o suficiente para identificar seus gatilhos (tanto provocações quanto estados de espírito), você tem mais espaço de manobra para lidar com o problema. Você pode evitar situações que sabe que vão deixar a pessoa enraivecida. Pode perceber, antes de a pessoa explodir, que ela está de mau humor, e adotar algumas medidas para impedir a raiva.

> **DICA**
>
> Preste atenção nos padrões para verificar como e por que a pessoa fica com raiva. A capacidade de identificar esses padrões permitirá lidar melhor com possíveis incidentes de raiva.

Quando a raiva é justificada

Há, contudo, outra razão pela qual pode ser interessante analisar a raiva do ponto de vista da pessoa. No caso do meu chefe, a culpa não foi minha. Eu não fiz nada de errado (pelo menos, não daquela vez), e ele não tinha razão ao direcionar sua raiva contra mim.

No entanto, nem sempre é o caso. Às vezes, a culpa é realmente nossa e a raiva que a pessoa sente de nós – não necessariamente o tratamento que nos dispensa, mas a raiva dela em relação a nós – é justificada. Como lidar com pessoas com raiva quando a raiva é justificada? É isso que veremos no próximo capítulo.

CAPÍTULO 10

Estratégia 5:
Pergunte se a raiva
é justificada

Quando o que deveria ser fácil acaba sendo difícil

Pare por um instante para imaginar uma situação na qual alguém está com raiva de você e está mais do que claro que você fez algo de errado para merecer essa raiva. Pode não ter sido de propósito. Pode não ter sido nada de mais. A raiva da pessoa pode ser exagerada em comparação com o que você fez, mas ainda está claro que a raiva é justificada. Você errou, e a pessoa ficou com raiva. Agora, você precisa tentar resolver a situação, se puder.

Não deveria ser difícil reconhecer que você errou e trabalhar para resolver a situação. O que eu quero dizer com isso é que as etapas concretas envolvidas são bem simples. Você analisa a situação, como vimos no capítulo anterior. Analisa seu papel na situação, identifica seus erros, os admite e trabalha para encontrar uma solução. Por si só, desprovidos de qualquer emoção, esses passos são simples. Então, por que é tão difícil fazer isso? Por uma razão: ficamos na defensiva.

Como saber se a raiva da pessoa é justificada?

Antes de abordarmos a defensividade, vamos aprender a identificar se a raiva da pessoa realmente é justificada. Porque, mesmo se não entrássemos na defensiva, pode ser difícil identificar se a pessoa tem razão de ficar com raiva. Não existe um teste infalível para esse tipo de coisa, e tudo sempre depende do contexto. O que você fez, o que o levou a fazer isso, como a pessoa pode ter interpretado o que você fez e por aí vai. Veja a seguir algumas sugestões que podem ser úteis nessa tarefa.

Não deixe que a raiva da pessoa tome a decisão por você

Às vezes, sem querer, permitimos que as emoções dos outros ditem nossos sentimentos de culpa. Achamos que fizemos algo errado só porque a pessoa está com raiva de nós. Tente não pensar nem se sentir dessa forma. A raiva dos outros não é necessariamente um indicador de um erro de nossa parte. Até podemos ter errado, mas também pode acontecer de a pessoa estar equivocada e de seus sentimentos em relação a nós não serem justificados. Ela pode ter entendido mal a situação ou pode estar exagerando. Pode até estar usando a raiva para nos atacar ou nos manipular. Você precisa separar a reação da pessoa do que você fez e avaliar o que você realmente fez.

Avalie o que você fez e como isso afeta a pessoa, não o *porquê*

Às vezes, algumas pessoas dizem algo como "Sei que pode ter parecido cruel, mas eu só estava tentando…" e seguem dando uma justificativa para tudo que fizeram. Para o nosso bem-estar emocional, nosso crescimento e desenvolvimento, é importante refletirmos sobre essa justificativa. É interessante analisar os vários fatores que nos levam a fazer as coisas que fazemos. Contudo, do ponto de vista da pessoa que está com raiva de nós, o que estávamos *tentando* fazer ou *por que* fizemos o que fizemos, na verdade, são fatores que não importam muito. O que mais importa para ela é o que fizemos e como ela foi afetada por isso.

O que realmente precisamos nos perguntar é: "Eu tratei a pessoa mal ou injustamente?" ou "De alguma forma, bloqueei seus objetivos sem necessidade?". Não importa o que as motivou, minhas ações prejudicaram a pessoa, fazendo com que ela se sentisse mal, tirando-lhe uma oportunidade ou impedindo seu progresso? Se a resposta for sim, a pessoa tem razão de ficar com raiva.

Defensividade

A defensividade é uma resposta emocional a ser (ou a acreditar que está sendo) criticado ou atacado. Você fica na defensiva quando acha que está sendo acusado de ter feito algo errado. Como qualquer emoção, a defensividade inclui pensamentos, estímulos fisiológicos e comportamentos. Por exemplo, imagine que seu parceiro fica com raiva de você porque você fez uma bagunça na sala e não a arrumou. No fundo, você sabe que errou. Você ia arrumar, mas se esqueceu. No entanto, em vez de apenas dizer "desculpe, vou limpar assim que puder", você entra na defensiva. Você pode:

- pensar em algo como "vive bagunçando a casa e sempre se esquece de limpar, e agora vem me criticar?" (pensamentos);
- sentir um ligeiro aumento na frequência cardíaca ou na tensão muscular, identificar sinais de ansiedade, vergonha ou nervosismo (excitação fisiológica);
- assumir uma atitude sarcástica e crítica ("Ah, sim… claro, *você* nunca esqueceu de limpar sua bagunça antes…") ou até negar o erro* (comportamento).

---

* Não sei por quê, mas sempre acho difícil admitir quando esqueço de apagar a luz e sou repreendido. Sei que tenho o péssimo hábito de deixar as luzes acesas, mas, quando minha esposa me diz que deixei uma luz acesa, tento desesperadamente encontrar maneiras de provar que ela está errada. Faço todo tipo de malabarismo cognitivo para culpar alguma outra pessoa. Enquanto escrevo estas palavras, sem precisar me defender, porque não estou na situação, posso dizer que não faz sentido algum eu me sentir assim, muito menos agir assim. No entanto, quando me encontro nessa situação, faço de tudo para evitar a culpa. Sinceramente, se eu pudesse culpar o cachorro, eu o faria.

Estratégia 5: Pergunte se a raiva é justificada   179

Como qualquer emoção, a defensividade tem mais chances de ocorrer em circunstâncias específicas. Tanto que você até pode analisar sua atitude defensiva ou a de outra pessoa do mesmo modo que analisou sua atitude diante da raiva, identificando o estímulo que levou a essa atitude (ser criticado), o estado de pré-defesa (o estado de espírito em que você estava no momento que recebeu a crítica) e sua avaliação do estímulo ("Não é justo eu estar ouvindo isso!", "Quem ele(a) pensa que é para me criticar?").

O que torna a defensividade particularmente preocupante é o fato de que é muito importante sabermos receber *feedback* para crescermos e melhorarmos como seres humanos. Não importa qual seja o cargo ou o papel da pessoa (funcionário, marido/mulher, chefe, aluno, amigo, colega), você precisa estar aberto a críticas para melhorar. É por isso que, em quase todos os questionários de referência para uma vaga de pós-graduação ou de um emprego que já preenchi, perguntavam se o candidato estava aberto para *feedbacks*.

DICA

Pare um pouco para pensar sobre quais qualidades você gostaria de ter. Você quer ser uma pessoa gentil? Quer ser uma pessoa honesta? Quer continuar aprendendo e crescendo? Conscientizar-se dos seus valores afetará o que você faz em um confronto.

Por que as pessoas ficam na defensiva quando alguém direciona sua raiva a elas? Por que é tão difícil para as pessoas admitir que erraram e trabalhar para resolver o problema? É um fenômeno bem estranho, considerando que muitas pessoas ficam especialmente frustradas quando os outros não admitem e não pedem desculpas por seus erros. "Eu só queria que ele(a) admitisse o que fez e pedisse desculpas" é um refrão muito comum quando se trata de conflitos. Há um descompasso entre o que muitas pessoas querem dos outros e o que elas mesmas se dispõem a fazer. Por que será?

180   A raiva dos outros

Ameaças à nossa identidade

Como a maioria das experiências emocionais, a defensividade é uma questão de autoproteção. Ser acusado de um erro é um ato visto como uma ameaça ao nosso bem-estar ou à nossa identidade; por isso, tendemos a ficar incomodados. Esse incômodo nos motiva a buscar algum tipo de conforto e alguma resolução. Se fôssemos capazes de pensar racionalmente no momento, o conforto e a resolução viriam da atitude de reconhecer o erro e resolvê-lo. Entretanto, quando não conseguimos pensar racionalmente, buscamos uma solução negando o erro ou tentando redirecionar o conflito à pessoa. O "desculpe, esqueci de lavar a louça" se transforma em "é, mas você também nunca lava as roupas como deveria".

UMA CURIOSIDADE SOBRE A RAIVA

A defensividade é uma reação emocional natural à ameaça à nossa identidade. Da mesma forma como acontece com outras emoções, a defensividade tem a função de nos proteger, mas também pode interferir em nosso progresso.

A ameaça é ainda maior quando o erro é conflitante com nossa identidade. Se alguém me acusasse de não saber pescar, eu não daria a mínima. Não me identifico como bom pescador; então, ouvir alguém dizer que não sei pescar não é uma ameaça à minha identidade. No entanto, se alguém me acusasse de ser, ou insinuasse que sou, um professor, pai ou marido ruim, eu me importaria. Quero ser, e me empenho muito para ser, bom nessas coisas, e sugerir que não estou fazendo isso bem me magoa e me ofende. Quando alguém percebe que cometi um erro – mesmo que seja um erro insignificante –, a implicação é que não estou fazendo um bom trabalho em uma dessas funções, o que vejo como ameaça a uma parte importante da minha identidade.

O que você percebe como crítica pode não ser tão claro quanto os exemplos que dei aqui. Nossa identidade pode ser muito ampla e difusa e pode ser contestada de formas vagas, indiretas e inesperadas. Um bom jogador de basquete pode sentir-se atacado quando alguém faz um comentário sobre algum outro esporte simplesmente porque se identifica como atleta. Ele sente que o comentário é um ataque à sua capacidade atlética como um todo. Uma pessoa que valoriza a gentileza pode se sentir ameaçada quando alguém aponta que ela foi rude ou indelicada em uma interação. Ela vê o *feedback* como ameaça à sua identidade como pessoa gentil e atenciosa.[*]

Muitas características pessoais podem aumentar sua propensão a entrar na defensiva quando alguém fica com raiva de você. Você pode ser inseguro ou não ter muita autoconfiança. Pode ser ansioso ou ter dificuldade para se defender quando contestado. Pode ter um histórico de trauma ou abuso que torna essas situações mais emocionalmente desgastantes. Pode ter crescido vendo seus pais entrando na defensiva da mesma forma que outras expressões emocionais são modeladas, e isso se tornou um comportamento aprendido. Como qualquer experiência emocional, as raízes da defensividade podem ser complexas e podem estender-se além do gatilho específico.

Naturalmente, a pessoa que dá o *feedback* também faz diferença, assim como o ambiente em que você o recebe. Vejamos, por exemplo, um estudo de 2019 conduzido por Levi Adelman e Nilanjana Dasgupta que explorou como as pessoas reagem à "crítica do endogrupo".[60] Na psicologia, a crítica do endogrupo é um *feedback* negativo que vem do grupo social com o qual a pessoa se identifica. É quando um colega de equipe, marido/mulher ou colega diz que você precisa fazer algo de outro jeito. No artigo, que inclui três estudos distintos, os autores analisaram como as pessoas receberam críticas em diferentes circunstâncias. Os participantes foram divididos aleatoriamente em

---

[*] Isso explica meu exemplo anterior sobre deixar as luzes acesas. Gosto de me ver como uma pessoa responsável, que se preocupa com o meio ambiente. Por menor que seja, esse hábito de deixar as luzes acesas vai contra a pessoa que almejo ser; então, fico na defensiva em relação à minha incapacidade de me livrar do hábito.

dois grupos: um grupo da "ameaça" e um grupo "sem ameaça". O grupo da "ameaça" leu um artigo que dizia que a economia estava estagnada e explicava como isso poderia derrubar os salários e a qualidade de vida. Os participantes dos dois grupos também leram um artigo dizendo que a estagnação da economia resultou de atitudes problemáticas dos trabalhadores americanos (em outras palavras, os participantes, que eram todos americanos, foram basicamente culpados pelos problemas econômicos do país). O segundo artigo foi escrito por um economista e especialista em economia americana, mas a nacionalidade desse especialista foi manipulada para incluir outra variável ao estudo. O autor foi identificado como americano (endogrupo) ou sul--coreano (exogrupo).

O que os pesquisadores descobriram foi que, quando não houve ameaça (quando os participantes não leram o artigo dizendo que eles provavelmente teriam uma qualidade de vida pior e ganhariam salários mais baixos), eles foram mais receptivos ao *feedback* do endogrupo do que ao do exogrupo. Ou seja, os participantes norte-americanos ficaram mais na defensiva quando a crítica veio de um sul-coreano. No entanto, quando se sentiram ameaçados, essa receptividade à crítica do endogrupo diminuiu. Quando os participantes foram induzidos a temer pelo próprio bem-estar econômico, não houve diferença. Eles ficaram na defensiva de qualquer maneira. Isso demonstra a ideia de que, em sua essência, a defensividade é um mecanismo de proteção contra o que percebemos ser uma ameaça ao nosso bem-estar emocional ou geral.

Como saber se você está na defensiva e o que fazer

Como qualquer experiência emocional, pode ser difícil perceber no momento que você está na defensiva. Por definição, você não está pensando com clareza e não tem como avaliar adequadamente seus sentimentos, pensamentos e comportamentos. Então, como se conter quando a defensividade entra em ação?

A princípio, você pode se pegar tentando redirecionar a conversa para as ações da pessoa. Você pode se voltar para o que a pessoa fez que o *levou* a fazer o que você fez. Também pode focar alguma coisa que a pessoa fez de errado ou analisar se ela também já fez algo parecido. Esses dois exemplos podem refletir uma tentativa de ignorar a sua responsabilidade para responsabilizar o outro.

Além disso, talvez você perceba que não está ouvindo o que a pessoa está dizendo. Você pode estar focado, pensando no que vai dizer a seguir, e não ouvir o que o outro está dizendo a você. Se for um e-mail ou uma mensagem de texto, você pode ler mais devagar ou até fazer uma pausa.

Por fim, você pode se pegar usando a lógica do tipo "sim, mas…" e responder dizendo coisas como "sei que eu não deveria ter feito isso, mas…" ou "entendo o que você está dizendo, mas…". Esse tipo de lógica é muito comum como estratégia para tentar mudar de assunto e se livrar da responsabilidade.

DICA

Preste atenção para ver se você não está tentando desviar o foco do que você fez para o que a pessoa fez. Isso costuma ser um bom indicador de defensividade.

A defensividade crônica pode ter algumas graves consequências tanto para você quanto para as pessoas ao redor. Para você, pode levar a sentimentos de culpa e vergonha. Na hora, a defensividade pode até ajudar a sentir-se melhor a respeito de uma situação emocional; com o tempo, porém, você pode acabar sentindo culpa, vergonha ou até tristeza por causa de seu comportamento. Pode, também, ocasionar sérios problemas de relacionamento. As situações interpessoais tornam-se mais hostis e carregadas de emoção do que seriam de outra forma. As pessoas começam a ver você como alguém irracional ou não confiável. Entretanto, eu diria que o maior problema é que a defensividade nos impede de resolver os problemas e chegar a uma resolução razoável.

Se você acha que a defensividade está impedindo de navegar por situações emocionais, veja a seguir algumas estratégias para superá-la. Algumas delas exigem atitude na hora, mas você pode começar a trabalhar outras agora mesmo.

Explore sua identidade

Se a defensividade surge quando a sua identidade é questionada, faz sentido passar um tempo explorando essa identidade. Em quais momentos você costuma ficar na defensiva e quais aspectos da sua identidade são questionados nesses momentos? Indo um pouco além, você tem como pensar sobre a sua identidade de maneiras diferentes, que possam levar a menos defensividade? Por exemplo, você consegue mudar de "preciso ter sempre a razão" para "gosto de aprender coisas novas"? Uma mudança como essa permite ver o seu erro como uma oportunidade de crescer, em vez de conduzir a um questionamento sobre sua capacidade.

No artigo citado de Adelman e Dasgupta, um resultado particularmente fascinante pode nos ajudar a lidar com a defensividade para proteger nossa identidade. Em um dos estudos, eles tentaram fazer uma intervenção para reduzir a defensividade, lembrando os participantes de um "importante valor nacional". Eles pediram para metade dos participantes ler uma declaração sobre o valor da liberdade de expressão antes de participar do estudo (o mesmo procedimento descrito anteriormente). Eles descobriram que isso aumentou a receptividade dos participantes às críticas, independentemente da presença de uma ameaça ou da fonte da crítica. Lembrar as pessoas de um valor central relevante reduziu suas chances de entrar na defensiva.

Portanto, quando você sentir uma tendência a entrar na defensiva, faça uma pausa para se lembrar dos seus valores relacionados à situação. Quando você errar e alguém ficar com raiva de você, reserve um tempo para se lembrar de quem você é e quais valores são importantes para você. Como no estudo citado, classifique a experiência com base em seus valores.

Adiante-se aos momentos de defensividade

Você pode prever alguns momentos nos quais tenderá a entrar na defensiva. Determinadas pessoas (como seu chefe, seu pai ou sua mãe) tendem a deixá-lo tenso ou situações específicas (um tipo de reunião no trabalho, um encontro da família) tendem a desencadear a defensividade em você? Se esses eventos forem mapeados, você poderá se preparar para participar deles. Poderá definir de que modo deseja lidar com a situação e o que almeja dizer *antes* de se ver dominado pelas emoções.

Encontre (ou crie) um tempo para fazer uma pausa (de novo)

No Capítulo 7, vimos de que modo podemos manter a calma nessas situações emocionais. Todas as sugestões continuam relevantes aqui. Respiração profunda, relaxamento e ancoragem são excelentes maneiras de evitar uma reação da qual você poderá se arrepender. No entanto, antes de se engajar em qualquer uma dessas técnicas, você precisa dar um jeito de fazer uma pausa na hora. É um passo importante para retomar o foco e impedir sua reação automática assim que reconhecer que a situação está escalando.

O que a pessoa fez e o que a pessoa sente são duas coisas diferentes

O que a pessoa sente é diferente, mas está relacionado ao que ela fez com esse sentimento. Uma pessoa pode ficar com raiva de você e essa raiva pode ser totalmente justificada, mas isso não significa que ela pode tratar você do modo que quiser. A raiva justificada não dá a ninguém o direito de gritar com você ou lhe dizer coisas cruéis e ofensivas. É importante lembrar-se disso por duas razões.

Primeiro, porque é muito fácil, sobretudo quando você está na defensiva, focar o comportamento da pessoa e ignorar o que ela pode estar sentindo. Você pode usar o comportamento da pessoa como uma razão para ignorar a raiva dela, que pode ser válida, provocada por uma injustiça muito concreta que você cometeu.* Você não precisa se sujeitar a um tratamento cruel, mas tentar separar o que a pessoa fez do modo como ela se sente pode ajudar você a corrigir seu erro. Se você for capaz de dizer a si mesmo "é justo a pessoa estar com raiva, apesar de o comportamento dela não ser justo", você pode seguir em frente e tentar resolver os dois problemas, comunicando que (1) você cometeu um erro e quer consertá-lo e que (2) você espera receber um tratamento melhor no futuro.

Em segundo lugar, o oposto deste último ponto também é verdadeiro. Embora você não deva descartar os sentimentos da pessoa porque não aprova ou não aprecia seu comportamento, você não deve permitir que os sentimentos justificados sirvam de desculpa para maus-tratos. Já ouvi pessoas dizerem coisas como "eu mereci ser tratado assim pelo que fiz" como forma de justificar a crueldade da qual foram vítimas. É completamente razoável comunicar a alguém que, embora você reconheça o mal que possa ter causado e entenda que a pessoa possa estar com raiva, você não vai tolerar sua crueldade. Como sempre, nada o impede de se afastar de pessoas e situações tóxicas.

---

* Percebi que, às vezes, as pessoas usam isso como uma estratégia intencional para focar o comportamento das pessoas com raiva e ignorar a raiva justificada por trás dos sentimentos. Em um protesto, por exemplo, muitas vezes, os manifestantes são difamados por suas táticas como uma forma de diminuir a causa que eles estão defendendo. Ouvimos isso nas expressões de jornalistas e políticos que dizem coisas como: "Entendo que vocês estejam lutando por isso ou por aquilo, mas acho que teria sido melhor expressar essas preocupações de outro modo".

Como pedir desculpas

O que fazer nos momentos em que você percebe que a raiva da pessoa é justificada e que você fez algo errado que gostaria de consertar? Nem sempre podemos reparar o mal que causamos, mas podemos fazer o possível. A primeira coisa a fazer é começar com um pedido de desculpas.

Mesmo depois de remover a defensividade da equação, muitas pessoas têm dificuldade para pedir desculpas. No entanto, um pedido de desculpas sincero pode ajudar a restaurar o relacionamento e abrir uma porta para resolver a situação que você causou. Também pode ajudar a reduzir sua culpa pelo erro, porque você fica aberto a tomar atitudes para resolvê-lo. Com tudo isso em mente, veja, a seguir, três passos importantes para aprender a se desculpar.

Primeiro, assuma a responsabilidade pelo que fez e use a linguagem certa para dizer isso ao se desculpar. Dizer "desculpe, mas…" ou "desculpe se…" não transmite, necessariamente, um pedido de desculpas autêntico e sincero. No entanto, dizer "desculpe, [sei que feri seus sentimentos/não terminei o relatório/esqueci de ligar para você]" é um reconhecimento de que você cometeu um erro e está assumindo a responsabilidade por isso.

Segundo passo: diga que está arrependido ou triste pelo que fez. Também nesse caso, use a linguagem certa ao se desculpar, dizendo algo como "estou muito arrependido de ter feito isso" ou "estou triste por ter feito você se sentir assim".

Terceiro passo: faça uma tentativa ou, pelo menos, ofereça-se para consertar o que você tem condições de consertar. Se estourou um prazo no trabalho, ajude a pessoa a resolver os problemas resultantes para reduzir o impacto. Se abalou a confiança da pessoa, diga que trabalhará para evitar fazer isso no futuro.

É claro que algumas dessas situações levarão tempo para ser resolvidas, e não é razoável nem justo esperar que as pessoas, de repente, deixem de ficar com raiva só porque você pediu desculpas. Perdoar requer tempo e energia, e nem o pedido de desculpas mais sincero desfaz o dano potencial.

Nem todo mundo admite que está com raiva

Nem todo mundo expressa a raiva com clareza. Como já vimos, a raiva pode ser expressa de várias maneiras, e as pessoas podem se fechar e não dizer nada. Como lidar com uma pessoa que simplesmente se recusa a demonstrar que está com raiva? O que fazer se ela nem admite que está com raiva? É o que veremos no próximo capítulo.

CAPÍTULO 11

Estratégia 6:
Encontre maneiras de dialogar
se a pessoa não quiser falar

Quando a pessoa se fecha

Certa vez, Anne, uma cliente, me procurou porque tinha afastado uma amiga e não sabia o que fazer. Tudo começou com um pequeno desentendimento, mas logo se transformou em uma briga, e Anne acabou magoando a amiga. A amiga reagiu cortando todo o contato com Anne. Parou de atender às ligações e responder às mensagens de texto (isso foi antes das redes sociais, mas suspeito que ela também a teria excluído do Facebook e do Instagram) e, quando elas se encontravam por acaso na faculdade, a amiga simplesmente passava por ela sem dizer nada nem fazer contato visual.

Anne estava arrasada. Sentia falta da amiga e se sentia mal pelo que havia feito. O que complicava ainda mais as coisas, contudo, era o fato de que Anne não se sentia totalmente responsável. Ela me disse que as duas foram longe demais na briga, que disseram coisas ofensivas uma à outra e que as duas tinham bons motivos para estar com raiva. Anne não achava que era 100% responsável por tentar salvar a amizade, mas também sabia que a amiga não faria esforço algum nesse sentido. Saber disso a fazia se sentir ainda pior.

A situação entre Anne e a amiga é um problema de relacionamento, mas também é um problema de raiva. No fundo, temos duas pessoas que estão com raiva uma da outra, e uma delas está expressando essa raiva evitando todo o contato. Anne interpretou esse afastamento como desinteresse em manter a amizade; pode até ser o caso, mas também pode não ser.

DICA

Se alguém se afastar de você porque está com raiva, pense no que está motivando esse afastamento. A pessoa está magoada, desconfortável com o conflito, tentando manipular você? Ela deseja terminar o relacionamento ou está almejando outra coisa? As respostas a essas perguntas ajudarão a descobrir o que fazer.

"Não cabe a mim administrar as emoções dos outros"

Ao escrever este capítulo, fiquei curioso para saber como as pessoas lidariam com esse tipo de situação; então, lancei uma pergunta nas redes sociais: O que você faria se tivesse magoado uma pessoa e ela se afastasse de você por causa disso? Postei um vídeo no TikTok e obtive cerca de 200 respostas em apenas algumas horas. As respostas variaram muito; as pessoas disseram coisas como:

- "Depende… mas, se eu gostasse da pessoa, mandaria uma mensagem de texto perguntando o que está acontecendo e o que eu poderia fazer para tentar consertar a situação."
- "Eu entenderia isso como um sinal de que a pessoa não quer falar sobre o assunto. Respeitaria a decisão da pessoa de não falar e lhe daria espaço. Se ela resolvesse falar comigo, que me procurasse."
- "Cabe à pessoa comunicar suas necessidades e suas reclamações. Não cabe a mim forçá-la a fazer qualquer coisa."

- "Eu perguntaria uma vez e deixaria as portas abertas, dizendo algo como 'se quiser falar sobre isso, estou por aqui', e deixaria a pessoa em paz."
- "Eu ignoraria. Continuaria agindo do mesmo jeito, como se não tivesse percebido nada. Com o tempo, a pessoa teria duas escolhas: ou falaria comigo ou sumiria da minha vida. De qualquer maneira, a escolha seria dela. Teria de ser."

Em geral, as respostas variaram entre "Eu entraria em contato uma vez e diria que estou aberto a uma conversa" e "Eu deixaria quieto. Não é problema meu. Não cabe a mim administrar as emoções dos outros".

Algumas pessoas observaram algo muito importante sobre situações como essas: que, na verdade, não temos como saber por que a amiga de Anne cortou o contato. Muitos respondentes presumiram que foi porque ela não queria mais o relacionamento. Outros presumiram que foi porque ela era imatura e manipuladora, ou até porque queria que Anne implorasse por sua amizade. Tudo isso é possível, mas pode haver outras razões também; vale lembrar que a raiva pode ser expressa de várias maneiras e que o modo de expressão de uma pessoa pode não ser intencional ou planejado. Pode ser apenas o modo com o qual ela se sente mais à vontade ou que ela considera a melhor forma de se expressar.

Qual é o motivador?

Não precisa ser nada tão dramático quanto a situação de Anne. Às vezes, no entanto, é. Em algumas situações, a pessoa simplesmente corta todo e qualquer contato. Não atende mais as ligações, não responde aos e-mails e às mensagens de texto e o ignora quando o vê. Ou a pessoa só se afasta um pouco de você, mas não corta totalmente o contato. Ela ainda pode responder, mas as respostas ficam impessoais e as interações, superficiais, em comparação com o que era antes. Nesse caso, a raiva que a pessoa sente de você teve efeitos negativos que perduraram e prejudicaram o relacionamento.

Entretanto, a causa pode não ser o que você imagina (pelo menos, pode ser mais complicado do que à primeira vista). É verdade que tudo começou com um desentendimento que levou à raiva, mas isso não significa necessariamente que o motivo que levou a pessoa a cortar o contato seja apenas essa raiva. Quando as pessoas param de se comunicar, como a amiga de Anne fez, pode ser porque estão com raiva de você, mas também pode ser alguma outra coisa. Acho que cabe uma pequena ressalva aqui: quase todas as pesquisas sobre esse tópico analisaram o *ghosting** em relacionamentos românticos – quando um dos parceiros simplesmente desaparece em vez de terminar o relacionamento –, e estamos extrapolando esses resultados para outros tipos de relacionamento. Cientes disso, vamos dar uma olhada em algumas possíveis explicações.

Vergonha

Às vezes, as pessoas se afastam por sentirem vergonha da maneira como agiram durante a discussão. Elas podem não se dar conta disso nem fazer isso intencionalmente, mas qualquer contato com a pessoa com quem brigaram implica encarar a situação, o que seria muito desconfortável para elas. Ficam com vergonha e sentem-se constrangidas; então, evitar é o caminho do menor desconforto. Ao cortar o contato, elas não precisam justificar o que disseram ou fizeram.

---

* Fiquei agradavelmente surpreso com o número de estudos sobre *ghosting*. Cerca de 20 artigos foram publicados só na última década, o que é um bom número, considerando que se trata de um tema relativamente novo. Os títulos também não me decepcionaram, variando do divertido ("Quando seu 'amorzinho' vira o Gasparzinho" [em inglês "When your boo becomes a ghost"]) ao sério ("Desaparecendo na era da hipervisibilidade" [em inglês "Disappearing in the age of hypervisibility"]).

Tristeza, mágoa ou depressão

O afastamento pode ser motivado por uma profunda tristeza ou até por causa de uma depressão. A raiva inicial da pessoa deu lugar à mágoa por algo que você fez ou disse. Você pode não ter feito nem dito nada horrível, mas o simples fato de ter discordado (ou de a pessoa ter interpretado sua discordância de uma forma específica) pode ter causado alguma dor emocional. Qualquer contato com você exacerbaria essa dor, por isso a pessoa opta por evitar o contato.

Desconforto com o conflito

Algumas pessoas ficam extremamente desconfortáveis e até ansiosas com relação ao conflito. Quando uma pessoa se fecha assim ou corta o contato com você, pode ser simplesmente porque está tentando evitar lidar com algo que é muito difícil para ela. Evitar é uma reação natural e comum ao medo e à ansiedade, e os sentimentos negativos que o conflito traz à tona a levam a evitar o relacionamento como um todo.

Manipulação passivo-agressiva

Fechar-se dessa maneira pode ser uma tentativa passivo-agressiva de magoar. A pessoa sabe que cortar o contato com você vai magoá-lo, e essa é a intenção. Pode até ser uma forma de conquistar uma posição de poder na relação, transmitindo a mensagem de que ela não precisa do relacionamento. Ela quer que você peça desculpas e até implore por perdão.

Um desejo autêntico de terminar o relacionamento

É possível que o afastamento reflita um verdadeiro desejo de terminar o relacionamento. A decisão de cortar o contato pode ser motivada por uma série de sentimentos, incluindo tristeza, mágoa, constrangimento ou desconforto com o conflito, como já vimos. De todo modo, a pessoa pode simplesmente querer terminar a relação e seguir em frente. Pode não ser a forma mais madura de lidar com as coisas, mas acontece muito.*

Tentar retomar o relacionamento

E agora, o que fazer em uma situação como essa? Como lidar com uma pessoa que (provavelmente) está com raiva de você e desfez todo o contato?

Procure saber por que a pessoa se afastou

É importante conhecer essas diferentes explicações porque elas provavelmente requerem soluções diferentes. Uma pessoa que cortou o contato com você porque está com vergonha de algo que fez ou disse pode exigir uma resposta diferente de uma pessoa que está furiosa com você, mas quer evitar conflitos. As duas podem exigir gentileza da sua parte, mas a segunda também pode precisar ser convencida a se abrir.

Conhecer a motivação da pessoa pode até levar você a optar por não fazer nada a respeito. Se perceber, por exemplo, que a pessoa está sendo manipuladora ou passivo-agressiva, você pode decidir que não vale a pena investir nesse relacionamento. Você pode não querer mais manter uma relação com uma pessoa que evita conflitos a qualquer custo. Pode concluir, como muitas pessoas me disseram nas redes sociais, que não é sua responsabilidade administrar as emoções dos outros. Dependendo da natureza do relacionamento e do que essa pessoa significa para você, pode fazer sentido deixar a coisa por isso mesmo.

---

* Na internet, encontramos basicamente duas opiniões sobre o assunto. Por um lado, o *ghosting* parece muito comum, e alguns o veem como uma forma razoável de terminar relacionamentos, principalmente se não forem saudáveis. Por outro lado, artigos sobre como lidar com o *ghosting* são ativamente hostis aos "fantasmas" (as pessoas que somem), descrevendo-os como imaturos ou até incapazes de se comunicar diretamente. Os próprios "fantasmas" não se disponibilizaram a responder aos questionários e participar de levantamentos para elucidar seu ponto de vista.

Considere o que você está disposto a fazer pelo relacionamento

Por definição, consertar um relacionamento quando o outro se recusa a falar com você requer esforço da sua parte. No mínimo, você terá de procurar a pessoa para quebrar o silêncio, mas pode ser necessário ainda mais que isso. Para preservar o relacionamento, você pode ter de se desculpar por algo que fez (talvez até por algo pelo qual pode achar que não é totalmente responsável). Talvez você tenha de engolir alguns dos seus sentimentos para proteger os sentimentos do outro. Você precisa decidir até que ponto esse relacionamento é importante para você e o que está disposto a fazer para preservá-lo.

Há muitos fatores a serem considerados nessa decisão. Quem essa pessoa é em sua vida (um amigo, colega, parente), os relacionamentos que ela tem com outras pessoas da sua vida, o poder que ela pode ter sobre você, os seus próprios sentimentos e assim por diante. Essas outras dinâmicas podem mudar muito a situação. O que você decidir fazer para preservar o relacionamento vai necessariamente depender de quem a pessoa é e da importância que ela tem na sua vida.

Decida o que é mais importante

No Capítulo 6, falamos sobre a importância de ter um objetivo em mente ao interagir com pessoas com raiva. Isso também se aplica a situações como estas. Se você decidiu procurar a pessoa que está com raiva e que cortou o contato com você, qual é o seu objetivo e como você pode alcançá-lo? Você quer preservar o relacionamento? Quer esclarecer sua posição a respeito do conflito? Quer ter a última conversa e dizer adeus? Cada um desses objetivos requer uma abordagem diferente. Para preservar o relacionamento, talvez você tenha de se conter para não dizer tudo que gostaria de dizer. Para garantir que a pessoa entenda a sua posição, você precisará se abrir de formas que podem ser desconfortáveis tanto para você quanto para ela. Tenha em mente o seu objetivo e saiba como chegar lá, mas também seja flexível e leve em conta o que a pessoa quer e o que ela sente.

Jogue a bola no campo da pessoa

Se e quando você decidir procurar a pessoa, use um canal de comunicação que funcione melhor para vocês dois. Por exemplo, Ephraim, cujo caso descrevi no Capítulo 5, preferia ter conversas difíceis por escrito. Ele disse que precisava de um tempo para pensar e organizar as ideias. Pense que isso pode ser importante para você ou para a pessoa (ainda mais considerando que, se ela desfez o contato, pode não atender se você ligar). Não importa o meio que você escolha para entrar em contato; explique como está se sentindo de forma direta, mas não hostil, e deixe o próximo passo para a pessoa (por exemplo, "Parece que você está com raiva de mim, então, eu gostaria de conversar com você sobre isso. Poderíamos ter essa conversa?").

DICA

Pode ser interessante marcar um horário para conversar pessoalmente ou por telefone. Isso possibilita uma oportunidade de os dois lados se planejarem e se prepararem psicologicamente para a conversa.

Se/quando a pessoa responder, esteja aberto ao *feedback* e ouça

Se você tiver a chance de conversar pessoalmente ou por mensagem de texto/e-mail, seja flexível e aberto ao que a pessoa tem a dizer. Ouça o lado dela com a mente aberta. Como vimos no Capítulo 10, é natural e normal ficar na defensiva em momentos como esse. Você pode se sentir atacado; então, é melhor se preparar para essa possibilidade. Entre na conversa com um plano do que você quer dizer, de acordo com o que você decidiu ser o mais importante, mas esteja preparado para a possibilidade de as coisas tomarem um rumo diferente. Resolver qualquer problema que possa ter levado a essa situação requer, necessariamente, um esforço dos dois lados; portanto, vocês precisam estar preparados para trabalhar juntos na identificação de soluções.

Saiba quando desistir

Você pode não querer admitir isso, mas pode chegar a um ponto em que só lhe reste desistir. Lembre-se de que uma das razões que podem ter levado a pessoa a cortar o contato com você é um desejo sincero de terminar o relacionamento. Se for o caso, pode ser impossível convencer a pessoa a mudar de ideia. Na verdade, continuar tentando preservar o relacionamento depois que a pessoa deixou claro que não é o que ela quer chega a ser desrespeitoso. Ouvir o que a pessoa tem a dizer implica respeitar seus desejos e se afastar, se for o que ela quiser.

Por outro lado, também pode acontecer de você decidir nesse processo que não quer mais ter um relacionamento com essa pessoa. Você pode concluir que esse relacionamento é muito desgastante ou simplesmente não lhe faz muito bem. Pode começar a identificar consequências emocionais inesperadas de se relacionar com essa pessoa e perceber que o relacionamento não vale mais a pena quando você considera o quadro geral. Se isso acontecer, tudo bem também.

Não se esqueça de se cuidar

É inegável que esse tipo de interação tem um impacto emocional. A conversa pode ser desgastante e desconfortável no âmbito emocional. Você pode precisar de uma pausa ou até deixar para continuar a conversa em outro dia, para descansar e se distanciar um pouco da situação. Pode ser especialmente importante usar algumas das técnicas para manter a calma que vimos no Capítulo 7.

Por outro lado, se a pessoa não responder e você nunca mais tiver a chance de conversar com ela, pode ser emocionalmente desgastante e doloroso de uma forma diferente. Pode ser penoso e angustiante saber que alguém decidiu que não quer mais ter você em sua vida, independentemente do que levou a pessoa a tomar essa decisão. Você pode se culpar, ficar com vergonha e sentir-se responsável pelo problema. É importante fazer o possível para cuidar de si mesmo, manter-se firme e forte e aprender com a experiência.

UMA CURIOSIDADE SOBRE A RAIVA

Podemos afirmar que os danos ao relacionamento estão entre as consequências mais comuns da raiva desadaptativa, considerando que a maioria dos entrevistados do The Anger Project admitiu ter prejudicado pelo menos um relacionamento no mês anterior por causa de sua raiva.[61]

A hostilidade da internet

O resultado para Anne não foi nada agradável. Ela procurou a amiga por e-mail, pedindo uma chance para conversar sobre o que havia acontecido e até pedindo desculpas pelo que podia ter feito. No entanto, ela recebeu uma resposta extremamente hostil, que deixou claro – talvez até um pouco claro demais – que não havia mais a intenção de manter a amizade. Anne ficou magoada, e a terapia passou rapidamente de "Como posso manter essa amizade?" para "Como posso superar essa perda?".

Isso levanta uma questão muito interessante sobre como lidar com um e-mail raivoso – ou, em termos mais amplos, como lidar com várias formas de "e-raiva" (nas redes sociais, em mensagens de texto, aplicativos de namoro etc.)? Grande parte da raiva à qual somos expostos não é demonstrada cara a cara, mas tela a tela. Quais são as estratégias para navegar pela hostilidade da internet? É isso o que veremos no próximo capítulo.

CAPÍTULO 12

Estratégia 7:
Afaste-se do discurso
de ódio na internet

O "papel não ignorável" da raiva na internet

Em 2014, Rui Fan e seus colegas começaram a investigar o contágio de determinadas emoções pela internet.[62] Eles queriam saber quais emoções se espalham com mais rapidez pelas redes sociais. Usando o Weibo, uma plataforma chinesa que eles descreveram como semelhante ao antigo Twitter, eles capturaram aproximadamente 70 milhões de posts de 278.654 usuários. Eles codificaram o conteúdo emocional desses posts (com base no uso de emojis, letras maiúsculas e outros fatores) em quatro categorias: aversão, tristeza, alegria e raiva. Em seguida, analisaram quais posts tiveram maior probabilidade de serem curtidos ou compartilhados.

O que eles descobriram foi fascinante, mas não necessariamente surpreendente para qualquer pessoa que tenha passado um tempo na internet na última década. As pessoas, em geral, não compartilham posts associados à aversão ou à tristeza, pelo menos não tanto quanto compartilham posts alegres ou raivosos. Elas compartilham posts alegres quando têm alguma relação com a pessoa que publicou o post original, mas compartilham posts raivosos independentemente de terem alguma relação com a pessoa do post original. Em outras palavras, as pessoas participavam da alegria dos outros quando os conheciam, mas participavam da raiva mesmo se não os conhecessem. Isso levou os autores a escrever o seguinte: "Conjecturamos que a raiva desempenha um papel não ignorável em propagações massivas de notícias negativas sobre a sociedade".*

Como as emoções on-line são semelhantes/diferentes

O que o estudo mostra é algo que você já deve ter notado: a raiva está por toda parte na internet. Você tem grandes chances de encontrar pessoas com raiva em suas interações on-line algumas vezes por semana ou até todo dia. Podem ser conhecidos com quem você está interagindo por e-mail ou mensagens de texto, ou podem ser desconhecidos com quem você depara nas redes sociais e que nunca mais "verá". O mais fascinante é que, embora as consequências de uma discussão com um desconhecido na internet possam ser diferentes de uma discussão com um amigo, as causas dessa raiva são muito parecidas.

Não é difícil entender por que encontramos pessoas com raiva com tanta frequência na internet: é porque as redes sociais e as formas eletrônicas de comunicação, como e-mail e mensagens de texto, mudaram muito a maneira como experimentamos e expressamos nossas emoções. Agora, temos novos meios para expressar as emoções, novos estímulos para causar reações e até novas formas de interpretar esses estímulos.

Mais oportunidades para sentir

Uma das primeiras coisas que faço todos os dias, logo depois de acordar, é um café. Enquanto isso, dou uma olhada no Facebook, no Twitter

---

* Esta citação é absolutamente espantosa considerando tudo que aconteceu desde que foi escrita em 2014 e como os eventos foram, em grande parte, motivados pela raiva das pessoas. As eleições presidenciais de 2016 e de 2020 nos Estados Unidos foram muito motivadas pela raiva, em grande parte, propagada pelas redes sociais.

(cujo nome mudou para "X") ou em alguma outra plataforma de mídia social para saber o que aconteceu à noite. Ao fazer isso, me exponho a todos os tipos de estímulos que me provocam reações emocionais. Posso ficar contente ao saber que um velho amigo vai se casar, triste ao ver que alguém de quem gosto ficou doente ou com raiva ao ler notícias políticas compartilhadas por um colega. São oportunidades de sentir coisas que eu não sentia da mesma forma quinze anos atrás. Eu poderia nunca saber que aquele velho amigo estava se casando porque tínhamos perdido o contato. Agora, eu tenho como ficar feliz por ele de uma forma que não aconteceria antes do advento das redes sociais.

Em consequência, temos todos os tipos de experiências emocionais mais ou menos impactantes ao longo do dia (dependendo da frequência com a qual percorremos nossos variados *feeds* das redes sociais). Todavia, não são apenas as redes sociais que nos trazem essas informações. Estamos conectados aos meios de comunicação de uma forma que nunca estivemos antes. Algumas décadas atrás, a maioria das pessoas conferia as notícias apenas algumas vezes ao dia, talvez em um jornal impresso ou em um noticiário noturno na TV. Agora, as notícias chegam imediatamente, com alertas em aplicativos ou pelo e-mail. Mesmo se escolhermos evitar esse tipo de tecnologia, a onipresença da mídia nos expõe às notícias por intermédio de amigos, colegas e parentes. Assim como acontece com as redes sociais, isso acaba impactando nossa vida emocional porque esse novo conteúdo ao qual estamos expostos não é emocionalmente neutro.[63*] É mais uma oportunidade de sentir.

Novos espaços e novas linguagens

As novas formas eletrônicas de comunicação, como mensagens de texto, e-mails e redes sociais, deram às pessoas outro lugar e até outra

---

* Longe disso. De acordo com um estudo de 2012 conduzido por Jonah Berger e Katherine Milkman, conteúdos de notícias que evocam emoções de alta excitação, particularmente raiva ou medo, têm mais probabilidade de viralizar. Desse modo, o conteúdo que chegar até você provavelmente evocará esses sentimentos.

linguagem para expressar sentimentos. Hoje em dia, quando as pessoas estão com raiva, elas podem comunicar essa raiva de maneiras que nunca foram possíveis antes. Podem mandar um e-mail raivoso para a pessoa, fazer uma postagem diretamente para a empresa da qual ficaram com raiva ou apenas publicar no Instagram para todo mundo ver. Estamos falando de uma forma muito diferente de expressar a raiva, que tem impacto significativo em você e no mundo ao redor. Além disso, alguns desses espaços são anônimos ou, pelo menos, parecem anônimos para o usuário, de modo que rapidamente se tornam lugares perfeitos para a raiva se espalhar.

Além de novos espaços para manifestações de raiva, a internet também disponibilizou novas linguagens para expressar a raiva. O que pode ter começado com emoticons rudimentares, como :-), evoluiu para expressões muito mais complexas, porém fascinantes. Emojis, hashtags, memes e GIFs são usados para compartilhar a raiva de maneiras engraçadas e não tão engraçadas. Enquanto isso, o YouTube, o TikTok, o Instagram e outros sites de compartilhamento de vídeos/fotos estão repletos de vídeos de pessoas reclamando das coisas que as deixam furiosas. Há uma facilidade de criar e editar um vídeo para expressar a raiva que torna tudo totalmente diferente do que as pessoas costumavam fazer quando estavam com raiva. Além disso, as redes sociais abriram as portas para expressões de raiva mais passivo-agressivas. Pessoas com raiva usam as redes sociais para espalhar boatos ou até para envergonhar e constranger as outras pessoas em público.*

---

* Meus alunos me contaram que uma forma relativamente comum de se vingar de alguém é postar intencionalmente uma foto nada lisonjeira da pessoa na internet. Coletei alguns dados a respeito e descobri que 4% dos respondentes já tinham feito isso. Eu não chamaria isso de "comum", mas definitivamente está acontecendo. Também fiquei pensando em quantas fotos nada lisonjeiras foram tiradas de mim enquanto eu estava dando aula e foram compartilhadas por alunos descontentes.

Alterando o humor pré-provocação

O que estamos fazendo em determinado momento na internet altera o nosso humor de tal forma que aumenta nossa probabilidade de ficar com raiva quando somos provocados. Um exemplo disso foi encontrado por Jenny Radesky e seus colegas,[64] que observaram pais interagindo com os filhos em uma lanchonete. Esses pesquisadores descobriram que a maioria dos pais usava o celular durante a refeição e, quando o faziam, tratavam os filhos com mais severidade. O uso da tecnologia basicamente os deixou com o pavio mais curto, e eles mostraram mais propensão a reagir com raiva.

De forma muito mais ampla, contudo, as informações que consumimos on-line mudam a forma como vemos o mundo. Voltando à discussão do Capítulo 5 sobre visões de mundo e lentes através das quais as pessoas com raiva interpretam suas experiências, percebemos que essas visões de mundo, muitas vezes, são orientadas pelo conteúdo que as pessoas consomem na internet. Elas desenvolvem suas ideias do que os outros "deveriam" fazer, suas tendências a tirar conclusões precipitadas, sua propensão à hipergeneralização e seus pensamentos catastróficos de acordo com o conteúdo ao qual são expostas. Como os feeds das redes sociais em geral são compostos de conteúdos criados por outras pessoas com valores semelhantes, os usuários tendem a viver em uma bolha, cercados por pessoas que concordam com eles. Com isso, perdem a perspectiva e começam a acreditar que todo mundo *deveria* ver o mundo como eles. Em consequência, têm mais dificuldade para empatizar ou entender pessoas com outra visão de mundo.

DICA

As redes sociais disseminam muitos dos pensamentos raivosos descritos anteriormente (pensamentos do tipo "tudo ou nada", rotulação, ideias do que os outros "deveriam" fazer). Pare um pouco para pensar que a pessoa com quem está interagindo é um ser humano, com um conjunto complexo de motivações que não podem ser resumidas em um post.

Por que a internet é tão hostil?

Quando li o estudo de Fan e seus colegas sobre o papel não ignorável da raiva na internet, um milhão de pensamentos diferentes passaram pela minha cabeça. A descoberta não me surpreendeu. Contudo, fiquei intrigado para entender por que eu já esperava, de certa forma, aqueles resultados. O que a internet tem nas redes sociais ou apenas na comunicação eletrônica que faz dela um terreno fértil para tanta raiva e hostilidade? Por que a raiva se espalha tão rapidamente? Essa questão é interessante, e você pode encontrar algumas das respostas comparando-a com outra atividade enfurecedora e hostil... dirigir. As duas atividades, navegar na internet e dirigir, têm alguns fatores em comum que tendem a causar raiva.

Distância da pessoa com quem você está se engajando

Quando você se engaja com alguém por meios eletrônicos, da mesma forma como quando está ao volante, você está distante da pessoa. Não há como saber como a pessoa é afetada pelo que você diz ou faz. Esse distanciamento físico faz com que seja mais fácil para as pessoas expressarem a raiva com hostilidade ou crueldade. É mais fácil dizer algo ofensivo quando você não está olhando a pessoa nos olhos.

Anonimato (ou anonimato percebido)

Mesmo quando não são anônimas, é comum as pessoas *se sentirem* anônimas na internet (bem como ao volante). Em 2016, dois pesquisadores exploraram o impacto desse anonimato nas interações on-line.[65] Os participantes dessa pesquisa trabalharam em equipes para decifrar uma série de palavras, acreditando que ganhariam um prêmio se conseguissem. No entanto, a atividade foi manipulada para ser impossível de ser desenvolvida, e os outros membros da equipe eram atores, não outros participantes. Quando terminaram a tarefa, os participantes foram divididos em dois grupos – anônimos e não anônimos – e deveriam escrever um post em um blog sobre a experiência no estudo. O grupo anônimo foi mais hostil e agressivo com seus "companheiros de equipe" do que o grupo não anônimo.

O que acho um pouco assustador nesse resultado é que as pessoas parecem não perceber como são afetadas pelo anonimato. Em um estudo de 2013 que fiz sobre expressões de raiva na internet,[66] 67% dos participantes disseram que reclamariam na internet mesmo se não fossem anônimos. Disseram que o anonimato não mudaria em nada seu comportamento. O estudo citado, porém, sugere que isso não é verdade e que o anonimato de fato influencia as pessoas, quer elas saibam ou não. Acredito que muitas pessoas não reconhecem como seu comportamento é influenciado por esse anonimato ou pelo anonimato percebido.*

Impulsividade exacerbada

Grande parte do que consideramos ser problemas de raiva pode, na verdade, se enquadrar como problemas de impulsividade. O que pretendo dizer com isso é que muitas pessoas ficam com raiva, mas conseguem controlar essa raiva. Elas não dizem nem fazem coisas cruéis – não porque não querem, mas porque são capazes de se conter e não se deixar levar por seus impulsos. Já outras pessoas ficam com raiva e expressam essa raiva de modo impulsivo, fazendo ou dizendo coisas das quais se arrependem.

A natureza das plataformas on-line é um terreno fértil para a impulsividade exacerbada. Em 2016, um artigo publicado na *The Lancet Psychiatry* referiu-se à impulsividade on-line como "um problema de saúde pública" e descreveu uma série de formas por meio das quais

---

* Não posso deixar de pensar no que o doutor Rosenthal (citado no Capítulo 4) disse sobre as multidões no mundo on-line. Sabemos que uma das razões que levam as pessoas a fazer coisas em grupos que não fariam sozinhas é a percepção de anonimato quando fazem parte de uma multidão. Os mesmos princípios psicológicos que motivam as hordas no mundo real podem motivar hordas no mundo on-line.

a impulsividade era exacerbada na internet.[67] O anonimato se revelou um problema, mas o artigo também apontou para a ausência, na internet, de alguns controles que existem no mundo real. O medo das consequências do mundo real (da polícia ou de outras figuras de autoridade, como professores ou pais) está menos presente on-line; então, alguns comportamentos hostis, cruéis ou agressivos parecem mais seguros.

Recompensas e modelagem

Uma dinâmica incomum, porém importante, que ocorre nas redes sociais deriva da maneira como as pessoas são recompensadas e encorajadas pela hostilidade. Conforme Fan e seus colegas demonstraram no estudo citado, a raiva se espalha mais rapidamente na internet do que outras emoções (por exemplo, posts raivosos têm mais chances de ser curtidos e repostados que os não raivosos). O que isso significa para a pessoa que postou é que seus posts provavelmente serão recompensados com curtidas e compartilhamentos se forem raivosos ou provocarem raiva. Isso é explicado pelos princípios do behaviorismo que discutimos no Capítulo 3. As pessoas expressam as emoções da maneira como aprenderam a ser recompensadas; assim, quando são recompensadas pela raiva, pela hostilidade e pela agressão, tendem a continuar expressando essas emoções.

É claro que, como vimos no Capítulo 3, as expressões emocionais não se baseiam apenas em recompensas e punições. A modelagem também tem seu papel. As pessoas fazem o que veem os outros fazendo, sobretudo pessoas de status semelhante ou superior. Assim, a natureza já raivosa das redes sociais tende a incitar ainda mais raiva. Celebridades e políticos* usando as redes sociais como uma ferramenta para expressar raiva, hostilidade e crueldade mostram às pes-

---

* Você consegue pensar em algumas celebridades – ou até em líderes mundiais – que têm o hábito de entrar nas redes sociais para expressar raiva e hostilidade?

soas que essa é uma forma aceitável de se expressar. Também nesse caso, a hostilidade e a raiva já existentes na internet tendem a gerar ainda mais hostilidade.

UMA CURIOSIDADE SOBRE A RAIVA

Participantes de um determinado levantamento relataram ser agressivos na internet aproximadamente uma vez por mês, em média.[68]

Estratégias para lidar com a raiva na internet

Muito do que já discutimos neste livro permanece relevante neste caso. Por exemplo, você deve manter seus objetivos em mente, manter a calma e descobrir se a raiva é justificada. Em alguns aspectos, chega a ser um pouco mais fácil fazer isso no ambiente on-line, que em geral lhe dá tempo para se acalmar e refletir sobre o que fazer. No entanto, se estiver lidando com um estranho ou um conhecido, é importante considerar algumas coisas específicas ao lidar com a raiva na internet. No centro de cada um desses fatores, contudo, está a necessidade de evitar jogar mais lenha na fogueira com a própria raiva.

Espere

Tive uma professora na faculdade que só deixava os alunos questionarem uma nota que tiraram pelo menos 24 horas depois de receber o resultado da prova. Ela explicou que a ideia era que a resposta emocional à nota se dissipasse antes de qualquer discussão. Não sei se 24 horas é um número mágico para isso, mas faz muito sentido esperar um tempo antes de responder. Como já vimos, se alguém estiver com raiva de você, provavelmente você vai ser tomado por suas próprias emoções (como raiva, ansiedade, tristeza, culpa). Esperar um tempo antes de responder permitirá que essas emoções se dissipem e poderá ajudar a organizar as ideias. Como Ephraim me explicou no Capítulo 5, essa é uma das vantagens de usar a internet para lidar com a raiva, em vez de fazer isso pessoalmente. Na internet, em geral, não é preciso responder imediatamente; então, você pode tirar um tempo para pensar em sua resposta. As emoções duram relativamente pouco; por isso, basta esperar de uns 20 a 30 minutos para poder analisar e pensar sobre as coisas de outra maneira.

DICA

Esperar que as emoções se dissipem pode ser uma excelente estratégia. É mais difícil fazer isso em interações pessoais, mas as interações na internet tendem a lhe dar tempo para decidir se, e como, deve responder.

Tente levar a conversa para o mundo real

Trabalhei em um abrigo para adolescentes, e uma das primeiras coisas que aprendemos sobre administrar conflitos foi remover a plateia. Quando outros adolescentes assistiam ao conflito, tudo ficava mais complicado. Talvez o jovem em crise sentisse a necessidade de evitar ser humilhado, os outros podiam encorajar intencionalmente o conflito, e você, tentando intervir, poderia se sentir pressionado a agir de uma determinada maneira. O mesmo princípio se aplica neste caso. Se você mantiver a interação nas redes sociais, a plateia, composta de outros usuários, provavelmente dificultará a situação.

É melhor tentar se conectar de outras maneiras (dependendo, é claro, do seu relacionamento com a pessoa). Se a tecnologia permitir, remova a plateia e envie uma mensagem direta ou um e-mail à pessoa envolvida no conflito. Você também pode ligar para a pessoa ou marcar uma hora para conversar. Considerando tudo que foi descrito aqui sobre como a distância pode exacerbar a hostilidade, talvez uma conversa pessoal seja a melhor opção.

Evite emojis raivosos

Uma das coisas mais interessantes sobre a comunicação on-line é o modo como as pessoas parecem fazer de tudo para comunicar explicitamente suas emoções (sem usar palavras). Elas sentem a necessidade de usar LETRAS MAIÚSCULAS, emojis raivosos, vários pontos de exclamação,

negrito ou uma série de outros mecanismos para indicar que estão com raiva. O problema é que essas abordagens não ajudam muito se alguém estiver tentando convencer outra pessoa a mudar de opinião ou ter um diálogo saudável. Esses indicadores de raiva têm grandes chances de ser vistos como desnecessários e enfraquecer seus argumentos. Não há problema algum em mandar um e-mail a alguém dizendo que você está com raiva, mas provavelmente é melhor limitar-se a dizer que está com raiva sem expressar essa raiva com um emoji zangado.

Não estou dizendo que você nunca deve usar emoticons ou emojis ao se comunicar. Eles podem ser muito úteis, principalmente os positivos. Emoticons e emojis podem ser usados para quebrar o gelo e sinalizar uma emoção que pode não estar explicitada no texto.[*] Uma carinha sorridente, por exemplo, pode deixar claro que o que foi dito é uma piada ou que não deve ser levado a sério (por exemplo, "Isso se eu não pedir a demissão antes... :)"). Uma carinha triste pode indicar que você está infeliz com alguma coisa ("Não posso sair hoje à noite porque tenho uma reunião de manhã cedinho. :("). Mas eles também podem ser usados como forma passivo-agressiva de comunicação on-line quando o autor pretende ou finge atenuar um comentário agressivo com uma carinha sorridente ou um kkk ("Espero que você chegue a tempo. kkk"). Por fim, leve em consideração as emoções que está tentando manifestar dessa maneira e o modo como escolhe expressá-las.

Peça para alguém ler sua resposta antes de enviá-la/postá-la

As emoções – especialmente a raiva –, muitas vezes, podem afetar a maneira como as pessoas interpretam o que leem. Isso significa que

---

[*] A origem do emoticon revela que sua função é exatamente esta. Quando uma piada foi mal interpretada em um fórum de discussão na Carnegie Mellon University em 1982, uma das pessoas envolvidas na conversa on-line, Scott E. Fahlman, respondeu com: "Proponho a seguinte sequência de caracteres para indicar piadas: :). Leia de lado!". Eu o culpo toda vez que um dos meus filhos me envia uma série de mais de 20 emojis desprovidos de algum contexto ou significado discernível.

a pessoa a quem você está respondendo pode ficar com raiva de sua resposta e não entender a sua intenção. Suas emoções em resposta à raiva da pessoa também podem ter afetado o que você escreveu de formas que você não percebeu. Por essas duas razões, vale muito a pena pedir para alguém ler o que você escreveu antes de enviar ou postar. A opinião de outro par de olhos pode lhe dar uma nova perspectiva.

Pergunte-se por que você está respondendo

Voltando a algo que vimos no Capítulo 6, pense nos seus objetivos para essa situação específica. Que resultado você quer obter ao responder? Esse objetivo realmente vale a pena ou pode ser alcançado? Se não, qual seria um objetivo diferente que você poderia atingir nessa situação? Se esse novo objetivo valer a pena e puder ser alcançado, qual é a melhor maneira de atingi-lo? São perguntas que você deve tentar responder antes de reagir à raiva on-line. Lembre-se também de que, às vezes, talvez até com frequência, optar por não reagir é uma alternativa viável e razoável.

Algumas pessoas podem achar difícil *deixar quieto*. Elas se sentem tão compelidas a responder, motivadas pela defensividade ou pelo desejo de vingança, que não param para pensar sobre o que realmente querem da interação. Alguns objetivos podem não ser alcançáveis (como convencer um desconhecido enfurecido de que ele está errado).* Mesmo quando os objetivos são alcançáveis, é preciso usar uma abordagem ponderada e pertinente para atingi-los. Pode exigir uma conversa off-line, um tempo para se acalmar antes de responder ou qualquer outra coisa.

---

* É comum me perguntarem por que eu opto por discutir com pessoas na internet quando sei que nunca vou mudar a opinião delas. A resposta é que, na verdade, não estou discutindo com ninguém e não tenho a intenção de "vencer" a discussão. Estou tentando convencer outras pessoas que podem estar lendo. Estou usando a conversa como oportunidade de compartilhar minhas ideias com pessoas que talvez ainda não tenham opinião formada sobre o tema.

Permaneça no momento

Uma coisa que sempre me surpreende a respeito da raiva e da hostilidade na internet é o modo como as pessoas muitas vezes se dão a liberdade de atacar umas às outras de maneiras que não consigo imaginar alguém fazendo pessoalmente. Nunca ouvi, no mundo real, nada parecido com os xingamentos e palavrões que já foram direcionados a mim na internet. Ciente disso, percebo que os ataques pessoais podem assumir diversas formas. Nem sempre são abertamente hostis ou intencionalmente cruéis. Podemos insultar as pessoas sem querer, hipergeneralizando ou rotulando-as de formas mais sutis. Uma conversa com uma pessoa que está com raiva acaba passando dos limites porque temos dificuldade para permanecer no momento presente. No próximo capítulo, veremos como evitar ataques pessoais em uma interação com uma pessoa com raiva.

CAPÍTULO 13

Estratégia 8:
Evite ataques pessoais

"Você está fazendo o que sempre faz"

O filme *Fora de série*, de 2019, tem uma cena que eu amo e odeio ao mesmo tempo. Se você ainda não viu, é uma comédia sobre duas melhores amigas que passam a noite tentando chegar a uma festa na véspera da formatura do ensino médio. Elas se deparam com uma série de problemas à medida que a noite avança, e alguns acontecimentos acabam forçando os limites da amizade. No fim, elas começam a brigar por causa de algo relativamente sem importância. Uma quer sair da festa e a outra quer ficar. A discussão evolui rapidamente quando uma delas diz: "Vou ficar na festa porque você está fazendo o que sempre faz". Nesse ponto, o desacordo deixa de ser sobre sair ou não da festa e passa a ser sobre muitas outras coisas. O desentendimento explode e se transforma em uma briga.

Odeio essa cena porque é muito triste. São duas melhores amigas tentando aproveitar o pouco tempo que ainda têm juntas antes de cada uma ir estudar em uma faculdade diferente. É de partir o coração vê-las atacar uma à outra com tanta fúria. Ao mesmo tempo, adoro essa cena simplesmente por ser tão realista. É exatamente da forma como já presenciei e vivenciei brigas como essa. As duas pararam de tentar resolver as diferenças e se puseram a tentar ganhar a briga com comentários cada vez mais ofensivos. "Você é egoísta e mesquinha." "Você é uma grande covarde." "Você é uma péssima amiga."

Os ataques pessoais podem assumir várias formas

Evitar ataques pessoais significa evitar dizer coisas ofensivas para atacar características que fazem da pessoa quem ela é (como chamá-la de burra, cruel ou covarde). Pode até parecer fácil. Se você estiver tentando ter uma conversa produtiva ou uma interação saudável com alguém, é claro que deve evitar insultar a pessoa. Na verdade, mesmo que não esteja tentando ter uma conversa produtiva e só queira pôr um fim à interação, não é uma boa ideia atacar o caráter da pessoa. Algumas pessoas podem até sentir certo prazer na hora, mas nada de bom pode resultar desse tipo de ataque.

Ciente disso, percebo que é muito comum as pessoas dizerem ou fazerem algo ofensivo durante uma altercação com uma pessoa com raiva. Isso acontece por duas razões. A princípio, as pessoas podem se deixar levar pelo calor do momento – elas mesmas podem ficar com raiva – e partir para o ataque para se sentir melhor. Não se esqueça de que a raiva pode ser vista como um desejo emocional de atacar, e é completamente natural *querermos* dizer ou fazer algo ofensivo quando estamos com raiva. Aquele instinto de vingança, sobre o qual falamos no Capítulo 6, do qual você precisa abrir mão para atingir seus objetivos, entra em ação e, por um instante, é mais fácil querer magoar a pessoa do que resolver a desavença.

Outra coisa que às vezes acontece, e esta é menos óbvia, é que as pessoas nem sempre percebem que atacaram o caráter de alguém. Como no exemplo do filme, a ofensa resulta da tendência a generalizar ou rotular. Ao ver a briga evoluir no filme, é possível identificar o momento exato em que as coisas começam a degringolar.* É quando uma delas generaliza além do contexto da situação específica e faz um comentário sobre a personalidade da amiga ao dizer: "Você está fazendo o que sempre faz". Essa tendência de generalizar além da situação e atacar uma característica da personalidade da pessoa, muitas vezes, leva as desavenças a se transformarem em brigas. Quando alguém está com raiva de você, é fácil pensar ou dizer coisas como "você sempre faz isso" ou "você é absolutamente irracional quando está com raiva". Ao fazer isso, você está generalizando e rotulando o comportamento da pessoa de uma forma que soa como um ataque.

Mesmo se a intenção não tiver sido a de atacar, esse tipo de comentário não deixa de ser um ataque. Quando você generaliza ou rotula, pega um evento único e o transforma em parte de um padrão que reflete um problema maior. Está dizendo algo como: "Essa coisa que você está fazendo agora e que me incomoda... é uma coisa que você faz com frequência e, portanto, é algo que vejo como um problema de caráter". A situação deixa de ser sobre *o que a pessoa fez* e passa a ser sobre *quem a pessoa é*.

Por exemplo, imagine que você cometeu um erro no trabalho e um colega ficou com raiva de você. Ele manda um e-mail hostil que você considera inapropriado e ofensivo. Você entende a raiva dele e até assume a responsabilidade pelo erro, mas acha que ele deveria ter reagido de outra maneira. Você imediatamente responde ao e-mail** dizendo: "Não gostei do seu tom. Você vive me hostilizando, e sua atitude é injusta e nada profissional".

Essa resposta pode parecer completamente razoável e até adequada. A hostilidade à qual você está reagindo de fato pode ser muito

---

* Não estou sugerindo que uma delas seja a culpada e a outra seja inocente. Longe disso. As duas tiveram muitas oportunidades de esfriar os ânimos. Mas aquela afirmação – a referência ao que a amiga "sempre" faz – marcou o momento no qual a discussão deixou de ser sobre se elas deveriam ou não sair da festa e passou a ser sobre outra coisa.

** Porque você ainda não tinha lido o capítulo sobre como lidar com a raiva na internet.

frequente, injusta e nada profissional. Seu colega pode ter mesmo um padrão de comportamento problemático que precisa ser abordado em algum momento. No entanto, não importa que isso tudo seja verdade. Essa reação imediata provavelmente não será produtiva por duas razões. Primeiro, porque a defensividade, sobre a qual falamos no Capítulo 10, tem mais chances de vir à tona quando a pessoa se sente atacada. Quando o foco passa para *quem a pessoa é* em vez de *o que a pessoa fez*, é de se esperar que ela fique na defensiva, e essa defensividade dificulta a clareza e a possibilidade de haver uma conversa produtiva. Em segundo lugar, o problema em generalizar é que você perde o foco. No exemplo hipotético do e-mail hostil, qual das duas frases a seguir é mais fácil de contestar?

1. "O que você escreveu foi hostil e nada profissional."
2. "Você é hostil e nada profissional."

A primeira frase seria mais difícil de contestar, não é? Seu colega seria forçado a pensar no que fez – o e-mail – e justificar se foi ou não profissional ou hostil. Ele teria que defender essa ação específica. Ele pode tentar dizer algo assim: "Como você ousa dizer que não sou profissional?". E você pode responder com: "Não foi isso que eu disse. Eu disse que *aquele e-mail* não foi profissional".

UMA CURIOSIDADE SOBRE A RAIVA

A hipergeneralização abre as portas para a raiva evoluir e conduz a consequências negativas.[69]

Se você generalizar e pensar em quem seu colega é como pessoa, acusando-o de ser hostil e não profissional, vai ser fácil para ele apontar exemplos para contestar sua alegação. Como vimos no Capítulo 1, o comportamento das pessoas não é muito consistente em todas as situações; então, seu colega terá uma vida inteira de exemplos em que foi profissional e não foi hostil, a fim de se apresentar como um ser humano gentil e profissional. Também vai ser fácil para ele apontar situações nas quais ele não foi hostil com você ou foi profissional e provar que você não tem razão ao afirmar que ele é uma pessoa hostil, ou seja, que ele é *sempre* hostil.

E se houver um padrão?

Pode acontecer de você realmente querer apontar um padrão de comportamento. No exemplo dado, talvez seu colega seja, de fato, frequentemente – não *sempre*, mas com frequência – hostil e não profissional por e-mail e de você não querer deixar esse problema passar. Seu colega de fato pode ter uma falha de caráter (talvez a raiva), e talvez você queira conversar a respeito. Como fazer isso se não é produtivo conversar com a pessoa sobre um padrão de comportamento? Vamos dar uma olhada em duas abordagens.

Comece falando sobre o incidente isolado

O simples fato de apontar o incidente isolado fornece um *feedback* que pode ajudar a pessoa a enxergar o padrão. Anos atrás, no trabalho, uma colega, que também era uma amiga, me mandou um e-mail sobre um assunto polêmico. Na tentativa de resolver o problema, encaminhei o e-mail (com minha amiga em cópia) para outro administrador. Quando a situação foi resolvida, minha amiga me escreveu dizendo que ficou chateada por eu ter encaminhado o e-mail sem pedir permissão. Ela não disse "você sempre faz isso" nem me chamou de "indiscreto" ou "leviano". Só me disse que não gostou de eu ter feito aquilo.

Uso esse exemplo por dois motivos. Primeiro, eu me senti péssimo. Não tive a intenção de chateá-la. Eu nem imaginava que ela se incomodaria com isso. Ela não queria que o e-mail fosse lido por outras pessoas, e isso nem me passou pela cabeça. Não me considero uma pessoa leviana, mas o que fiz foi leviano. Em segundo lugar, o fato de ela ter apontado meu erro me levou a pensar se eu fazia isso como um padrão. Será que eu fazia isso com outras pessoas que se incomodavam, mas não me diziam nada? Eu fazia isso com frequência? Desconheço as respostas a essas perguntas, mas posso dizer que passei a prestar mais atenção. Bastou minha amiga me dizer uma vez que ficou chateada com o que fiz para me motivar a mudar meu comportamento.

> **DICA**
>
> Concentrar-se em uma coisa específica que a pessoa fez ou disse, em vez de focar um padrão, pode ajudar a pessoa a se abrir ao *feedback*. Ela não vai se sentir tão atacada.

Espere a poeira baixar e planeje o que vai dizer

A segunda maneira que sugiro para abordar esses padrões é esperar a poeira baixar antes de dizer alguma coisa. Nem sempre é fácil manter a compostura no calor do momento. Como já vimos, quando estamos com raiva, nem sempre pensamos com clareza e nem sempre somos racionais. Não será muito produtivo conversar sobre uma característica de personalidade que o incomoda quando a pessoa estiver com raiva. Ela se sentirá atacada e entrará na defensiva.

Como ter aquela conversa difícil

Vamos imaginar, por exemplo, que você queira falar com aquele colega que ficou com raiva de você não apenas sobre o e-mail específico, mas também sobre um padrão que você está identificando de hostilidade direcionada a você. Veja a seguir cinco passos para tentar ter uma conversa produtiva.

Decida se você deve mesmo ter essa conversa e identifique seus objetivos

A primeira coisa a fazer é decidir se você de fato deve conversar com a pessoa sobre o assunto. Por exemplo, cabe a você dar esse *feedback* ou deveria vir de outra pessoa? Será que a pessoa realmente tem um problema ou será que o problema é seu? (Talvez uma parte do problema seja o fato de você estar sendo sensível demais ou ficar extremamente desconfortável com conflitos.) Você pode concluir que, sim, vale a pena falar sobre o assunto com seu colega, mas, antes de ter a conversa, você precisa decidir se é a conversa certa a se ter. Também pode valer a pena avaliar se conversar com a pessoa realmente é a melhor maneira de atingir seu objetivo. Você pode concluir que uma conversa tem poucas chances de levar essa pessoa a mudar e que talvez você precise de outra abordagem.

> **DICA**
>
> Antes de ter uma conversa difícil, reserve um tempo para pensar em seus objetivos. Quais seriam os resultados ideais da conversa? Esses objetivos são viáveis?

Planeje com antecedência e agende a conversa com a pessoa

Escolha um bom momento para conversar e planeje o que pretende dizer. É interessante marcar uma conversa com a pessoa de modo formal. Informe que você tem algo importante para conversar com ela e reserve tempo suficiente para isso. Avisar com antecedência transmite a seriedade da situação e ajuda a garantir que você tenha tempo suficiente para dizer o que tem a dizer. Quanto a este último ponto, reflita sobre o que você quer dizer e sobre o modo como pretende fazer isso. Quais são os principais pontos que você quer comunicar? No exemplo do e-mail hostil, você pode dizer que sabe que cometeu um erro, que entende que seu colega tenha ficado com raiva de você, mas que não gostou da maneira como ele comunicou essa raiva a você. Você pode dizer que não há problema em apontar seus erros, mas que você gostaria que ele levasse seus sentimentos em conta ao fazer isso. Planejar os pontos principais que você pretende abordar na conversa ajuda a garantir que você diga o que acha que precisa ser dito.

Priorize o relacionamento

Durante a conversa, leve as emoções da pessoa em consideração e tenha em mente a importância de manter o relacionamento. Como discutimos ao longo deste livro, o objetivo não deve ser, necessariamente, vencer uma discussão ou convencer a pessoa de que ela errou. Você quer que ela mude um comportamento – especificamente, o modo como trata você. Esse objetivo pode não ser atingido nessa conversa, mas tem muito menos chances de ser atingido se você não respeitar os sentimentos da pessoa. Seja diplomático e atencioso e preste atenção na maneira como se expressa ("você é sempre muito hostil comigo" é muito diferente de "senti uma hostilidade em muitos e-mails que você me mandou").

Mantenha-se aberto ao *feedback*

No Capítulo 1, falamos sobre como podemos, de alguma forma, evocar determinados tipos de reação das pessoas. Podemos fazer algo sem querer que traga à tona a hostilidade da pessoa. Não estou sugerindo que merecemos ser maltratados, nada disso. O que estou sugerindo é que devemos estar abertos a comentários e opiniões sobre o nosso papel nessas interações. Os desacordos raramente são culpa de uma única pessoa. Durante uma conversa difícil, é importante pensar que nós também podemos ter de mudar nosso comportamento. Não deixe de ouvir o que a pessoa tem a dizer e de refletir sobre o *feedback* recebido.

Dê um tempo para a pessoa pensar

Por fim, não deixe de dar à pessoa espaço e tempo para que ela reflita sobre o que você espera dela. Há poucas chances de vocês encontrarem uma solução durante uma conversa difícil. A discussão pode exacerbar mágoas, discordâncias e talvez até a raiva. Seja paciente com esses sentimentos e divergências e saiba que, mesmo se a pessoa concordar em fazer um esforço para mudar, essa mudança pode levar um tempo.

Nem sempre vai dar certo

Em muitos aspectos, essas sugestões exigem determinado grau de maturidade emocional da pessoa. Estamos presumindo que ela queira ter conversas produtivas, que tenha objetivos semelhantes aos seus e alguma capacidade de administrar os próprios sentimentos em situações emocionalmente carregadas. Tudo isso é possível. Até as pessoas propensas à raiva podem ser capazes de ter esse tipo de conversa produtiva. No entanto, algumas pessoas com raiva não são capazes de fazer isso, por mais que pensemos ou planejemos. Pode ser preciso reconhecer que você é apenas um lado dessa conversa e identificar se não é melhor simplesmente deixar quieto e se retirar da discussão. Isso é o que veremos no próximo capítulo.

CAPÍTULO 14

Estratégia 9:
Saiba quando se afastar

PRIORIZE A SUA SEGURANÇA FÍSICA

É importante ter em mente que lidar com uma pessoa com raiva é diferente de tolerar abusos físicos e/ou emocionais. Nunca deixe de ir para um local seguro se sentir que está em perigo.

É difícil pensar, escrever ou agir a respeito

Quero começar dizendo o seguinte: este foi, de longe, o capítulo mais difícil de escrever. É muito importante considerar a decisão de retirar-se de um relacionamento tóxico, e confesso que não foi nada fácil escrever a respeito; pensar em sugestões sobre o modo de fazê-lo e numa forma de identificar quando ou como isso é preciso. Ademais, por se tratar de uma questão extremamente complexa, nada do que eu escrevia parecia cobrir todas as possibilidades. Eu ficava me perguntando: "Mas e naquelas situações quando...?" ou "E se a pessoa fizer outra coisa...?". Como se tudo o mais não bastasse, não consegui encontrar muitos estudos para me ajudar. A maioria das pesquisas é sobre relacionamentos emocional ou fisicamente abusivos, em geral, com um parceiro romântico. É importante falar sobre eles, mas esses casos não cobrem tudo que eu quero abordar. Quero ajudar as pessoas a aprender a identificar o que fazer quando estiverem em um relacionamento com uma pessoa com raiva – qualquer tipo de relacionamento (com um amigo, um colega, um irmão, o pai, a mãe, o marido ou a esposa) – que esteja afetando negativamente sua vida e que não dê sinais de melhorar. Como identificar se é melhor terminar esse relacionamento? Como seria terminar esse relacionamento e como isso pode ser feito?

Foi quando tive um *insight* que ajudou a elucidar minhas ideias. A dificuldade que eu estava tendo para escrever este capítulo reflete a dificuldade que todos nós temos para sair de relacionamentos tóxicos. A complexidade que fui descobrindo ao tentar organizar meus pensamentos faz parte do desafio. A importância de uma decisão como essa, bem como de todas as possíveis consequências, é o que faz com que seja tão difícil efetivamente tomar essa decisão. Acredito que não há mais estudos sobre o tema porque é muito difícil pensar, escrever ou agir a respeito.

Entretanto, as pessoas enfrentam esse problema todos os dias e me procuram pedindo ajuda. Uma pessoa com raiva está dificultando sua vida e elas não sabem o que fazer. A boa notícia é que (voltando ao início do livro, quando falamos sobre a diferença entre pessoas com raiva e pessoas enraivecidas) podemos pensar sobre o tema de duas maneiras: retirar-se de um incidente isolado e pontual com uma pessoa com raiva ou retirar-se de um relacionamento de longo prazo com uma pessoa com raiva. Podemos usar alguns princípios do primeiro caso para saber o que fazer no segundo.

Dois exemplos

O processo de afastamento pode ser muito diferente conforme as circunstâncias e a natureza do relacionamento. Veremos, a seguir, dois relatos para exemplificar.

Alex

Vamos começar com o exemplo da Alex, que me contou uma história sobre um relacionamento conturbado com a melhor amiga. Alex tinha quase 20 anos quando conversamos e me contou que as duas se conheciam havia quase 15 anos. Elas foram melhores amigas no ensino fundamental e no ensino médio, mas Alex percebeu que a amiga tinha um sério problema de raiva que a assustava e a deixava emocionalmente exausta. Segundo Alex, a amiga tinha o pavio curto e explodia até diante de frustrações cotidianas, como encontrar uma fila maior do que esperava ou perder o sinal do celular. Alex me contou que, quando a amiga ficava com raiva, ela gritava, xingava ou até batia nas coisas.

Em geral, essa raiva não era direcionada a Alex, mas, quando isso acontecia, Alex se sentia triste ou menosprezada. As duas foram estudar em faculdades diferentes, mas mantiveram o contato e ainda moravam na mesma cidade. Alex me disse que, a certa altura, sentiu que precisava cortar o contato. Era exaustivo conviver com a amiga. A raiva que a amiga sentia havia piorado com o tempo; então, Alex ficava muito mal quando elas se encontravam. Alex tentou conversar a respeito, mas a amiga simplesmente não achava que isso era um problema e não parecia se importar com o modo como isso estava afetando Alex.

Até que Alex decidiu que não queria mais manter a amizade. Não seria fácil, porque elas tinham amigos em comum, mas essa não era a maior atribulação. A maior dificuldade era que Alex se sentia culpada. Ela me disse que, mesmo sabendo que tinha tomado a decisão certa, seu sentimento de culpa era enorme. Alex não conversou com a amiga logo que tomou a decisão. No início, apenas se afastou e passou a recusar convites para se encontrarem. Depois, começou a responder menos às mensagens de texto. Alex nunca entrava em contato. Até que a amiga perguntou se havia algo de errado e Alex contou como estava se sentindo. Como seria de se esperar, a amiga ficou brava e Alex se sentiu culpada, mas se manteve firme em sua decisão. Elas continuaram trocando mensagens de texto de vez em quando até que a amizade simplesmente acabou.

Charlie

Enquanto isso, outra pessoa com quem falei optou por se desvincular da pessoa com raiva – o pai – de uma forma muito diferente. A situação era muito parecida com os casos que descrevi no início do livro. O pai de Charlie se irritava com facilidade e dizia coisas cruéis quando estava com raiva. Ele nunca foi agressivo no âmbito físico, mas era muito hostil; por isso, Charlie ficava muito mal.

Na ocasião de nossa conversa, Charlie estava na casa dos 40 anos e seu pai, na casa dos 70. Cerca de cinco anos antes disso, porém, Charlie decidiu limitar o contato com o pai. Charlie tinha filhos pequenos e não queria que eles crescessem vendo as explosões de raiva do avô. Charlie não tinha razões para acreditar que o pai mudaria; então, decidiu passar menos tempo com ele para proteger os filhos.

No entanto, Charlie não queria cortar o contato. Sabia que o pai não viveria para sempre e não queria se arrepender da decisão de se afastar completamente. Não queria que o pai morresse sem ter a chance de se despedir, então conversou com a mãe e explicou que limitaria o contato com o pai. Explicou que não queria que isso afetasse seu relacionamento com ela, mas disse que sabia que isso complicaria as coisas.

Assim, ele reduziu o tempo de convivência com o pai e só deixava seus filhos verem o avô em ocasiões especiais. Nessas ocasiões, ele nunca ficava muito tempo. Manteve o contato normal com a mãe, que ia visitá-los sem o pai de Charlie. Eles se falavam ao telefone de vez em quando e trocavam e-mails com alguma regularidade, mas tudo pensado para que Charlie e os filhos não estivessem presentes quando o pai explodisse. De modo geral, Charlie estava satisfeito com essa decisão, apesar das dificuldades logísticas para ver a mãe. Ele também me contou que o pouco tempo que passava com o pai ficou até mais agradável, porque Charlie não ficava mais tão ansioso. Antes, ele vivia com medo do temperamento do pai, mas agora se sentia mais no controle e sabia que podia evitar os problemas resultantes dessas explosões.

Imposição de limites às pessoas que nos fazem mal

O mais interessante disso é que, teoricamente, é muito fácil justificar a decisão de afastar-se de pessoas tóxicas. As pessoas com quem converso a respeito me dizem sempre que devemos impor limites às pessoas que nos fazem mal. Parece muito fácil, até óbvio, entender essa ideia. No entanto, o problema surge na hora de efetivamente tentar cortar o contato com uma pessoa que faz parte da sua vida. É nesse momento que as complexidades, as barreiras práticas e as emoções entram em cena. É nesse ponto que as pessoas não sabem quando ou como executar a decisão. Às vezes, as pessoas me dizem abertamente que não conseguem se desvincular porque a pessoa com raiva está profundamente imiscuída em sua vida ou em outros relacionamentos (um colega, um chefe, um membro da família, o pai/a mãe de seu filho e assim por diante).

Saiba quando se afastar

Nunca é fácil determinar o momento em que devemos nos desvincular de uma pessoa com raiva. É muito mais fácil quando estamos lidando com interações pontuais com desconhecidos do que com longos relacionamentos. Em interações isoladas com uma pessoa enraivecida, eu sugeriria retirar-se assim que uma das três coisas a seguir acontecer: (1) você não se sente mais seguro, (2) interagir com essa pessoa não está lhe fazendo bem ou (3) você se dá conta de que é improvável, ou impossível, resolver a situação. Se você sente que sua segurança está em risco, retire-se imediatamente e busque um lugar seguro. Se você sente que a interação não tem mais chance de ser produtiva, encontre uma forma de encerrá-la e afaste-se.

Acredito que essas mesmas três diretrizes também podem ser aplicadas aos relacionamentos. Você precisa se afastar quando não se sentir seguro, quando o relacionamento não for mais saudável para você ou quando perceber que o relacionamento provavelmente nunca vai melhorar. No entanto, primeiro, é importante reconhecer que os detalhes obviamente dependem do contexto do relacionamento com a pessoa com raiva. Como mencionei ao longo do livro, as pessoas com raiva podem estar entranhadas em nossa vida de formas que praticamente impossibilitam cortar os vínculos. A forma como você escolhe se relacionar com um chefe raivoso é diferente daquela como se relaciona com um marido/uma esposa ou um pai/uma mãe raivosos. A decisão de romper a amizade com um velho amigo pode ser diferente de uma decisão que envolva alguém que você acabou de conhecer. Muitos fatores devem ser considerados. Ao contrário do que ocorre na maioria das interações isoladas, o afastamento pode ter sérias consequências que devem ser levadas em consideração.

Tendo consciência disso, também é preciso compreender que se afastar não implica, necessariamente, cortar todo o contato. O afastamento pode assumir várias formas. Pode, sim, envolver cortar totalmente o contato e sair da vida da pessoa, mas também pode significar passar menos tempo junto, interagir com menos frequência ou até limitar essas interações a modos específicos de comunicação ou a locais específicos. Seja como for, vamos observar alguns detalhes que devem ser considerados ao se decidir como você gostaria de se relacionar futuramente com essa pessoa.

A pessoa é abusiva no âmbito emocional e físico

É inegável que a raiva *pode* levar ao abuso físico ou emocional. Contudo, nem sempre é o que acontece. A raiva é uma emoção extremamente comum – a maioria de nós sente raiva algumas vezes por semana e até todo dia – e muitas pessoas são capazes de lidar com ela de forma produtiva ou até útil.[70] Sendo assim, como já vimos, a emoção em si envolve o desejo de atacar. Pessoas cronicamente raivosas podem agir de acordo com esse desejo impondo aos outros as consequências físicas e emocionais de suas ações.

O abuso físico envolve diversas formas de agressão física, incluindo bater, esbofetear, chutar, puxar os cabelos, morder ou várias outras maneiras de infligir danos físicos (como ferir entes queridos ou animais de estimação, não deixar que você tome seu remédio). A raiva, bem como outras emoções, como o ciúme ou até o medo, são relevantes nesses casos, mas o abuso também pode ser motivado por uma série de outros fatores, como o desejo de impor poder ou controle sobre o outro. As causas do abuso físico costumam envolver outros fatores além da raiva.

Algo semelhante pode ser dito a respeito do abuso emocional, que inclui insultos ou críticas frequentes, impedimento de ver amigos ou parentes, *gaslighting*, humilhação, tentativas de controlar o que você faz, o modo como se veste, as pessoas com quem convive e muito mais. Esses padrões também costumam ser motivados por muitos outros fatores além da raiva.

Terminar ou afastar-se de um relacionamento abusivo está muito além do escopo deste livro. Pessoas que tentam deixar um relacionamento como esse enfrentam uma variedade de barreiras. Para vítimas de abuso, recomendo procurar a ajuda de um profissional, entrando em contato com um serviço de assistência a vítimas de violência doméstica.

DICA

Se você acredita que pode estar em um relacionamento abusivo no âmbito físico e/ou emocional, não deixe de procurar ajuda. Incluí uma seção de "leituras e recursos adicionais" ao final deste livro.

É exaustivo conviver com a pessoa

Conversei com várias pessoas sobre como elas se sentem em um relacionamento com uma pessoa com raiva, e elas sempre me dizem que é assustador e emocionalmente desgastante. Em geral, elas estão se referindo a um tipo específico de pessoa com raiva – o tipo que tende a expressar a raiva de um modo agressivo, gritando, xingando ou batendo nas coisas. As pessoas com quem conversei não se sentem necessariamente ameaçadas. Não têm necessariamente medo de serem fisicamente agredidas. Têm medo, porém, de a pessoa com raiva ferir outra pessoa, envergonhá-las ou assustá-las com uma explosão de raiva.

As maneiras como a pessoa com raiva expressa a raiva são assustadoras para elas; por isso, vivem tentando evitar que a pessoa fique com raiva. Gastam uma enorme energia emocional tentando evitar que a pessoa exploda. Acabam sentindo que não podem ser quem são porque sua prioridade é administrar as emoções da pessoa com raiva. Esse tipo de esforço é exaustivo. As pessoas dizem que "pisam em ovos" para descrever o desconforto e a incerteza que tomam conta de sua vida. Elas administram as próprias emoções não para se sentir bem, mas para proteger os sentimentos da pessoa com raiva. Assumem a responsabilidade pelos sentimentos da pessoa com raiva e os priorizam em detrimento de seus próprios sentimentos.

Se for exaustivo conviver com uma pessoa com raiva, talvez seja necessário considerar se vale mesmo a pena manter o relacionamento como está, sem fazer mudanças. Pode haver maneiras de administrar esses sentimentos; no entanto, se você já tentou várias abordagens, incluindo as que sugeri até aqui, talvez seja necessário afastar-se para ver como se sente. Isso vale, em especial, para os relacionamentos em que você já tentou conversar com a pessoa e ela não levou você a sério, ou não pareceu disposta ou capaz de mudar.

Como se afastar

Como já vimos, pelo menos na teoria, deveria ser fácil afastar-se de um relacionamento tóxico. Você pode dizer diretamente à pessoa que não quer mais manter contato com ela, pode se afastar aos poucos ou até cortar totalmente o contato sem dar nenhuma explicação. Na prática, porém, afastar-se implica uma série de barreiras. Para algumas pessoas, essas barreiras envolvem aspectos práticos relacionados ao papel da pessoa com raiva em sua vida (pai, mãe, irmão, colega), mas, para outras, as barreiras podem ser mais pessoais. Algumas pessoas podem sentir-se culpadas por terminar o relacionamento. Para outras, o relacionamento tem um importante propósito emocional em sua vida; então, terminá-lo pode resultar em um grande vazio, especialmente no início.

Identifique as barreiras

O primeiro passo para terminar um relacionamento tóxico é identificar o que impediu você de fazer isso até agora. Algumas pessoas dirão que só agora se deram conta de que o relacionamento era tóxico. Para outras, a barreira deriva de suas próprias emoções sobre o término. Elas se sentem culpadas por se afastar, temem a reação do outro ou até ficam tristes com o fim do relacionamento. Outras pessoas identificam algumas barreiras práticas para sair do relacionamento. Podem morar com a pessoa ou ter amigos em comum, o que impossibilita cortar o contato. Por fim, algumas apontam para o desconforto em relação ao conflito que pode surgir com o término do relacionamento. Parece mais fácil permanecer no relacionamento porque será muito desconfortável se retirar. Seja qual for a barreira, é importante identificá-la para poder analisar melhor a situação e encontrar soluções.

UMA CURIOSIDADE SOBRE A RAIVA

Aproximadamente uma em cada cinco mulheres e um em cada sete homens sofreram violência física grave por parte de um parceiro íntimo.[71]

Encontre maneiras de lidar com essas barreiras

Depois de identificadas essas barreiras, você pode tomar medidas para rompê-las. Se descobrir que os sentimentos de culpa ou tristeza estão impedindo, tente explorar de onde eles vêm e o que você pode fazer a respeito. Considere fazer terapia se achar necessário. Se as barreiras forem mais práticas, comece a trabalhar em algumas soluções. Talvez você tenha de considerar algumas grandes mudanças para resolver esses problemas práticos (se morar com a pessoa com raiva, talvez seja necessário encontrar outro lugar para morar; se for um irmão, pode ser preciso pensar em como lidar com reuniões familiares daqui em diante).

Saiba que não precisa ser tudo ou nada

Retirar-se de um relacionamento que não lhe faz bem não significa eliminar totalmente a pessoa da sua vida. Não significa, necessariamente, que você nunca mais verá a pessoa. Significa apenas reduzir consideravelmente o contato com ela. Em vez de dizer "cansei dessa pessoa" e nunca mais vê-la na vida, você pode apenas tomar a decisão de passar menos tempo com ela ou interagir com ela com menos frequência.

É importante pensar assim porque a ideia de se afastar totalmente de uma pessoa com raiva pode ser assustadora ou até impraticável, dependendo de quem seja ela na sua vida. Afastar-se diz respeito a tomar uma decisão saudável no que se refere ao grau de interação que você quer ter com essa pessoa. Deve se basear em uma série de fatores, como o preço que você está pagando por essas interações agora e o preço que você tem como pagar na prática considerando o papel da pessoa em sua vida.

Prepare-se para lidar com a culpa

Uma das partes mais difíceis de terminar um relacionamento que não nos faz bem é a culpa que pode resultar. Essa culpa é normal e até saudável, e não significa necessariamente que você fez a coisa errada. A culpa é uma emoção e, como tal, tem um propósito importante em sua vida. Você sente culpa porque o seu cérebro está comunicando que você *pode* ter prejudicado a pessoa e o motivando a lidar com um possível erro. Esse sistema o motiva a reparar os danos que pode ter causado nos casos em que realmente fez algo errado.

DICA

Preste atenção na origem da culpa que você pode estar sentindo. Ela tem raízes em expectativas reais e razoáveis ou você espera demais de si mesmo?

Contudo, assim como a raiva (outra emoção que sinaliza um problema), a culpa nem sempre tem raízes na realidade de uma situação. Do mesmo modo como aquelas ideias irracionais do que os outros "deveriam" fazer podem levar à raiva, as ideias do que você mesmo "deveria" fazer podem levar à culpa ("eu *deveria* colocar as necessidades do outro acima das minhas"). É bem possível que essa culpa seja uma das barreiras que estão impedindo você de deixar esse relacionamento. Conscientize-se disso e planeje-se apropriadamente. Se estiver se sentindo culpado, verifique se essa culpa tem raízes em responsabilidades reais que você está negligenciando ou em expectativas irracionais que está impondo a si mesmo.

Também é possível que a culpa não venha de suas expectativas, mas das expectativas que o outro impôs a você. Ele está sempre enviando a mensagem de que você *deveria* ajudá-lo e apoiá-lo e você internalizou essas expectativas? Nesse caso, a culpa que você sente é o resultado das expectativas irracionais que ele tem de você para ajudá-lo a controlar as emoções.

DICA

É difícil saber quando você está sendo vítima de *gaslighting*, pois essa é justamente a natureza do *gaslighting*. Afinal, trata-se de uma tática complexa de manipulação. Se estiver em dúvida, não deixe de procurar a ajuda de um profissional.

Uma habilidade que requer prática e reflexão

As nove estratégias, incluindo esta que descrevi agora, não se executam sozinhas. Na maioria das circunstâncias, você não pode fazer apenas uma coisa e esperar que a situação se resolva. As experiências e as interações que temos com as pessoas com raiva são complexas no âmbito emocional e social. Para navegar por elas, você terá de executar diversas estratégias, conforme a situação. Precisará manter a calma enquanto pensa em seus objetivos, refletindo sobre a raiva da pessoa, sobre como você reage a ela e muito mais. Lidar com pessoas com raiva é uma habilidade que requer prática e reflexão. Ainda mais importante, requer o desejo de lidar com essas situações de forma saudável e positiva. No próximo capítulo, veremos como cultivar esse desejo e executar estratégias combinadas.

CAPÍTULO 15

Estratégia 10:
Combine as estratégias

Cultivar uma identidade

Eu gostaria de encerrar repassando algumas coisas. Para lidar com pessoas com raiva, não basta ter as ferramentas. Nem basta saber usar essas ferramentas. Você precisará cultivar uma identidade como alguém que deseja interagir de forma produtiva e eficaz com pessoas com raiva. Precisará ter em mente objetivos bons, saudáveis e claros em todas as suas interações. Terá de atingir esses objetivos mesmo quando a pessoa ficar com raiva.

Nem todo mundo faz isso. Na verdade, se eu tivesse que apostar, estimaria que a maioria das pessoas não age assim em interações com uma pessoa com raiva. Elas podem se voltar a objetivos menos produtivos, como se vingar ou provar que estão certas. Elas não consideram a situação do ponto de vista do outro. Não tentam chegar a uma resolução e não reconhecem alguns fatores menos óbvios que podem estar influenciando a raiva do outro (incluindo coisas que elas mesmas estão trazendo para a interação).

Para contornar tudo isso, você precisa refletir sobre a sua própria visão de mundo e sobre as lentes que você usa para enxergar a realidade. No Capítulo 5, falamos sobre as lentes através das quais as pessoas cronicamente raivosas tendem a ver o mundo. Vimos como essas pessoas têm expectativas excessivamente altas ou injustas em relação aos outros, como tendem a dicotomizar e pensar no mundo em termos de tudo ou nada e como tendem a catastrofizar os eventos negativos. Contudo, ainda falta admitir que você também se baseia em modelos e visões de mundo que representam a sua perspectiva das situações. Você também tem lentes que podem influenciar suas interações com as pessoas.

Quem sabe você tenha visões de mundo muito parecidas com as das pessoas com quem interage. Você também pode ter expectativas excessivamente altas em relação a elas, e talvez ache que elas "não deveriam" ficar com raiva. Pode tender a hipergeneralizar de formas que não permitam distinguir o que as pessoas estão *sentindo* de como elas estão *agindo*. Pode tender a catastrofizar, exacerbando a raiva das pessoas. Os mesmos padrões de pensamento que afetam a raiva das pessoas também podem afetar a sua reação à raiva delas. E algumas outras lentes também podem afetar essas interações. A tendência a se engajar em pensamentos do tipo "deveria" direcionados a si mesmo, por exemplo, pode levá-lo a se responsabilizar demais pelos sentimentos dos outros. Você pode se pegar pensando coisas como "preciso ajudá-lo a se acalmar" ou "se eu fizer isso, ele vai ficar com raiva de mim". Não há nada de errado em considerar os sentimentos dos outros, mas, se ficar desgastante demais para você, existe a possibilidade de você ter ido longe demais. A personalização, por sua vez, pode fazer com que você leve a raiva dos outros para o lado pessoal. Você automaticamente acha que a pessoa tem razão de estar com raiva de você, mesmo que não tenha feito nada de errado. Você se pega pensando "ele está com raiva porque eu pisei na bola de novo" e começa a se culpar.

Em outras palavras, para conviver com pessoas com raiva, é importante tentar entender os próprios pensamentos, sentimentos e comportamentos, especialmente no que diz respeito aos outros. O modo como as pessoas sentem e expressam a raiva é afetado, em parte, pela maneira como você interage com elas. E a forma como você interage com elas é influenciada, em parte, por sua identidade e sua visão de mundo. Você se vê como uma pessoa calma, capaz de tomar boas decisões nesses momentos acalorados? Você é alguém que procura ver o quadro geral nessas situações? Você sabe onde e quando tende a assumir responsabilidade demais pelos sentimentos dos outros? É importante se conscientizar de sua identidade para ter mais sucesso nessas situações.

Revisão das cinco advertências

No início do livro, pedi para você manter em mente durante a leitura cinco advertências sobre como lidar com pessoas com raiva. São estas:

1. A raiva da pessoa pode ser justificada.
2. A raiva pode ser, ao mesmo tempo, um estado emocional e um traço de personalidade.
3. Quando alguém está com raiva de você, você também tende a ser varrido pelas emoções.
4. As pessoas com raiva não são necessariamente monstros.
5. As pessoas com raiva podem ser tóxicas e perigosas.

Acho importante repassar esses pontos porque grande parte da questão de lidar com pessoas com raiva envolve manter essas ressalvas em mente. As estratégias que descrevi na Parte 2 requerem que você considere cada uma delas. Por exemplo, é importante analisar a raiva da pessoa porque isso ajudará a saber se a raiva é justificada (mesmo se o tratamento que ela lhe dispensar não for justificado). Você precisa encontrar formas de manter a calma porque, nas interações com pessoas com raiva, você provavelmente também será tomado por um turbilhão de emoções. E, embora as pessoas com raiva não sejam necessariamente "pessoas más" (embora, às vezes, possam ser), podemos ter de nos afastar delas porque elas não nos fazem bem.

Executar mais de uma estratégia ao mesmo tempo

Vamos dar uma olhada em alguns exemplos de como integrar essas estratégias no trabalho e em casa e verificar como isso funciona.

Raiva no trabalho

Imagine, por exemplo, que você está no trabalho e recebe um e-mail de um colega dizendo: "Você pisou feio na bola. Estou furioso e vou precisar falar com você mais tarde". Um colega acha que você errou e está com raiva de você.

Como vimos no Capítulo 12, situações envolvendo e-mails ou outras formas de raiva on-line permitem que você se prepare com antecedência. Você pode usar o tempo a seu favor, porque recebeu um e-mail para avisá-lo da conversa. Quando você recebeu o e-mail e o leu, provavelmente, teve reações emocionais que englobam ansiedade, culpa, defensividade e raiva. Nesse momento, é importante parar e fazer algumas coisas.

Primeiro, analise a situação do ponto de vista do colega e reflita se a raiva é justificada. Veja se você realmente errou ou se o colega pode ter entendido alguma coisa errado. Também é importante identificar todos os fatores que podem estar contribuindo para a raiva de seu colega. Ele está estressado, e isso pode estar exacerbando a reação? Será que ele entendeu mal o que aconteceu? Será que ele não está catastrofizando o impacto do seu erro? A raiva de seu colega pode estar sendo exacerbada por outras pessoas? Ele pode ter ideias preconcebidas sobre você ou outras pessoas envolvidas na situação que estão afetando sua raiva? Use parte desse tempo para ter uma visão mais ampla da situação e entender melhor de onde vem a raiva dele.

Em segundo lugar, mantenha a calma e pense em seus objetivos. Em uma situação como essa, a raiva do colega, especialmente no contexto do trabalho, pode ter consequências realmente negativas para você e provavelmente levará a emoções intensas de sua parte. Tente usar estratégias como respiração profunda, ancoragem ou até um mantra para manter a calma. Reservar um momento para se lembrar de que "sou capaz de lidar com essa situação" ajudará a pensar em como atingir seus objetivos. Você precisa identificar qual é o resultado mais importante nessa situação. Essa decisão provavelmente terá base na análise que você já fez. Se constatar que, de fato, cometeu um erro, seu objetivo pode ser admitir o erro e tentar corrigi-lo. Se constatar que não errou ou que o colega está exagerando, pode resolver direcionar a conversa à reação do colega, e não ao seu suposto erro.

Por fim, você precisa identificar qual é a melhor forma de atingir seu objetivo nessa situação e evitar agir de maneiras que possam impedi-lo de alcançar esse objetivo. Pode parecer fácil, mas na prática é muito difícil, considerando que também somos afetados pelas nossas emoções. Ficamos ansiosos, com raiva ou na defensiva e dizemos ou fazemos coisas que acabam sendo obstáculos no caminho de nossos objetivos. Em uma situação como essa, podemos querer nos defender, tentar culpar alguma outra pessoa pelo erro ou até atacar passivamente o caráter do colega ("Você não lembra que também atrasou um projeto no mês passado?"). Mesmo se isso for verdade, essas abordagens só vão dificultar seu objetivo de resolver o problema. É muito melhor tentar identificar soluções para o problema ou os problemas específicos e seguir por esse caminho.

Raiva na família

Já vimos as formas como as pessoas com raiva afetam nossa vida. Nem sempre estamos lidando com um evento isolado, como no exemplo que vimos. É claro que precisamos lidar bem com esses eventos pontuais, mas outros tipos de pessoas com raiva trazem problemas diferentes. Pessoas do nosso convívio podem ter problemas de raiva mais profundos ou generalizados. Como vimos no Capítulo 1, algumas pessoas podem ter uma personalidade raivosa, enfurecendo-se com frequência, expressando essa raiva de várias maneiras (em geral, externamente) e fazendo a gente se sentir mal – nos tornando ansiosos, culpados ou deprimidos.

Imagine, por exemplo, que seu pai é uma pessoa com raiva.* Como no caso do Capítulo 1 (de Izzy), seu pai parece ser uma pessoa diferente quando está com raiva. Ele pode ser amoroso, empático e gentil na maior parte do tempo, mas, de repente, torna-se agressivo e cruel quando fica com raiva. Nesse caso, talvez você não queira cortar completamente os laços com seu pai. Afinal, é seu pai, e você tem um profundo vínculo emocional e pessoal com ele. Ainda que deseje terminar esse relacionamento, pode ser muito difícil colocar essa decisão em prática em razão dos outros vínculos com seu pai (irmãos, mãe, filhos).

Contudo, nada o impede de mudar *o modo como* interage com essa pessoa. A frequência, o local, os assuntos da conversa, outras pessoas presentes... são fatores sobre os quais você tem, pelo menos, algum controle. Se tiver de passar um tempo com uma pessoa cronicamente raivosa, como em um encontro da família, reserve um tempo para percorrer os passos a seguir antes e durante o evento.

Reserve um tempo para pensar e definir seus objetivos e planejar-se para alcançá-los. Quais objetivos você espera atingir no evento familiar? Você só quer chegar ao fim do evento sem brigar com a pessoa? Quer evitar falar com ela sem sentir que negligenciou os próprios sentimentos no processo? Quer ter uma conversa difícil, mas importante, com a pessoa? Quer evitá-la totalmente? Pense bem no que quer e faça alguns planos para tentar atingir seus objetivos. É relativamente fácil evitar uma briga se for só isso que você realmente deseja, mas evitar uma briga sem sentir que sacrificou os próprios sentimentos é bem mais difícil. Ao decidir com antecedência o que você quer, você pode descobrir maneiras melhores de chegar lá e manter em mente o que precisa fazer na hora.

---

* Muitas pessoas com quem conversei para elaborar este livro me disseram que o pai/a mãe (ou ambos!) era a pessoa com raiva. Elas também me falaram das dificuldades emocionais e práticas de se afastar desses relacionamentos.

Situações como essas, seja com um dos pais ou com alguma outra pessoa com quem você tem um relacionamento de longa data, vêm acompanhadas de um conjunto complexo de dinâmicas. Se você tem uma história com a pessoa, essa avaliação não deve incluir apenas o momento específico. Deve incluir um exame do histórico complexo que vocês têm juntos. Se um desconhecido na rua ficar com raiva de mim, minha reação vai se basear, principalmente, na situação isolada. No entanto, se um conhecido de longa data estiver com raiva de mim, minha reação será baseada no tipo de pessoa que acho que ele é, nas interações que tivemos antes, no tipo de relacionamento que eu quero ter com ele e em muitos outros fatores. Ao analisar o incidente, pense bem sobre essas dinâmicas complexas e veja como elas podem estar afetando sua avaliação.

Em relação a isso, no Capítulo 8, vimos como a raiva pode ser expressa de diversas maneiras. Nem todo mundo grita, xinga ou externaliza a raiva. Algumas pessoas choram, fazem birra, se fecham ou canalizam a raiva de outras maneiras. Isso vale não só para a raiva, mas também para outras emoções. Quando se trata de expressar as emoções, as pessoas nem sempre são previsíveis. Em outras palavras, o que você pensa ser raiva pode ser alguma outra coisa, como mágoa, tristeza, culpa ou ciúme, por exemplo. É mais provável que a raiva seja, na verdade, um monte de sentimentos misturados. As emoções não acontecem no vácuo. As pessoas sentem muitas coisas diferentes ao mesmo tempo. Ao analisar a raiva, não deixe de considerar as diferentes formas de expressão das emoções.

Por fim, quando um dos pais (ou qualquer outra pessoa com quem temos um relacionamento de longa data) fica com raiva de nós, é comum recorrermos a ataques pessoais, intencionais ou não. O relacionamento de longa data confere a você uma montanha de informações para usar como insultos ou generalizações. É fácil encontrar evidências do passado da pessoa para usar contra ela. Por todas as razões que vimos no Capítulo 13, é importante evitar esse tipo de ataque. Em geral, é improdutivo e tem o potencial de causar danos permanentes ou de longo prazo ao relacionamento. É melhor manter o foco nos objetivos que você definiu no início do processo.

Considerações finais

Teve uma coisa na qual pensei muito enquanto escrevia este livro. Foi muito importante no primeiro capítulo, sobre a personalidade raivosa, especialmente quando penso sobre o que define a personalidade de uma pessoa. É um conceito que tento manter sempre em mente como pai, professor e em qualquer outro papel de autoridade. No fim das contas, a personalidade de uma pessoa se reflete nas escolhas que ela faz. O que ela pode pensar em um dado momento é menos importante do que o que ela faz nesse momento. Não importa quantas vezes eu diga aos meus filhos para se alimentarem bem, se exercitarem ou serem gentis, se não me virem praticando esses valores no meu dia a dia, eles não demorarão a achar que, no fundo, eu não prezo por esses valores.

No fim das contas, parece que nossa personalidade é feita das pequenas decisões que tomamos no dia a dia. Somos as nossas escolhas.[*] Essa ideia é importante aqui porque lidar com pessoas com raiva, em geral, implica acolher esse objetivo como uma parte de sua personalidade. Como vimos no início deste capítulo, lidar com pessoas com raiva envolve mais do que ter um kit de ferramentas que você saiba usar – trata-se de *querer* usar essas ferramentas. Trata-se de decidir que você quer ser o tipo de pessoa capaz de lidar bem com a raiva dos outros. Trata-se de reconhecer que, quando você está lidando com pessoas com raiva, não está necessariamente tentando vencer a discussão ou sair por cima, mas sair da interação com um resultado positivo. Uma vez que você toma essa decisão, é importante colocar esse valor em prática todos os dias.

---

[*] Isso não quer dizer que nunca podemos pisar na bola ou tomar uma ou outra decisão não alinhada com nossos valores. Nada me impede de valorizar uma alimentação saudável e tomar sorvete de vez em quando. Da mesma forma, nada me impede de valorizar a gentileza e a empatia, mas às vezes escorregar ou priorizar meus próprios sentimentos.

LEITURAS E RECURSOS ADICIONAIS

No Brasil

- **Central de Atendimento à Mulher – Ligue 180.**
  O 180 é uma linha direta de atendimento à mulher em situação de violência. É um serviço gratuito e confidencial que oferece informações, orientações e encaminhamentos para serviços de apoio em todo o Brasil.

- **Casa da Mulher Brasileira.**
  Uma iniciativa do Governo Federal que oferece atendimento integrado a mulheres vítimas de violência doméstica. Cada unidade tem uma equipe multidisciplinar que inclui psicólogos, assistentes sociais, defensores públicos e outros profissionais.

- **Instituto Maria da Penha.**
  ONG que trabalha na promoção dos direitos das mulheres e no combate à violência doméstica. O site fornece informações sobre a Lei Maria da Penha, serviços de apoio e orientações para vítimas.
  Saiba mais em: https://www.institutomariadapenha.org.br.

- **Instituto Patrícia Galvão.**
Este instituto dedica-se à promoção da igualdade de gênero e ao combate à violência contra a mulher. Seu site oferece informações, notícias e recursos relacionados à violência doméstica. Saiba mais em: https://agenciapatriciagalvao.org.br/sobre-o--instituto/.

- **SOS Mulher.**
É um portal do Governo do Estado de São Paulo com informações úteis para mulheres que estão enfrentando situações de violência doméstica. Oferece orientações sobre como buscar ajuda, direitos das vítimas e muito mais.
Saiba mais em: https://www.sosmulher.sp.gov.br.

- **Rede Nacional de Enfrentamento à Violência contra a Mulher.**
Este site fornece informações sobre serviços de apoio, legislação e campanhas de conscientização relacionadas à violência contra a mulher.
Saiba mais em: https://www12.senado.leg.br/institucional/omv/copy_of_acervo/outras-referencias/copy2_of_entenda-a--violencia/pdfs/rede-de-enfrentamento-a-violencia-contra-as--mulheres.

- **Centro de Referência de Atendimento à Mulher (CRAM).**
Muitas cidades brasileiras têm Centros de Referência que oferecem apoio psicológico, social e jurídico a mulheres vítimas de violência doméstica. Procure informações sobre o Centro de Referência em sua região.

Nos Estados Unidos

- **The National Domestic Violence Hotline.**
  Saiba mais em: www.thehotline.org.
  800-799-7233

No Reino Unido

- **Refuge National Domestic Abuse Helpline.**
  Saiba mais em: www.nationaldahelpline.org.uk.

- **Victim Support.**
  Saiba mais em: www.victimsupport.org.uk.

- **Women's Aid.**
  Saiba mais em: www.womensaid.org.uk.

Na Austrália

- **1800RESPECT.**
  Saiba mais em: www.1800respect.org.au.

REFERÊNCIAS

1. PEW RESEARCH CENTER. How Americans value public libraries in their communities. *Pew Research Center*, 11 dez. 2013. Disponível em: www.pewresearch.org/internet/2013/12/11/libraries-in-communities. Acesso em: 19 set. 2023.
2. BURD-SHARPS, S.; BISTLINE, K. Reports of road rage shootings are on the rise. *Everytown Research and Policy*, 20 mar. 2023. Disponível em: https://everytownresearch.org/reports-of-road-rage-shootings-are-on-the-rise/. Acesso em: 19 set. 2023.
3. MECKLER, L.; STRAUSS, V. Back to school has brought guns, fighting and acting out. *The Washington Post*, 26 out. 2021. Disponível em: www.washingtonpost.com/education/2021/10/26/schools-violence-teachers-guns-fights/. Acesso em: 28 set. 2023.
4. Disponível em: www.mindyouranger.com/anger/anger-statistics. Acesso em: 28 set. 2023.
5. Disponível em: www.thehotline.org. Acesso em: 28 set. 2023.
6. MARTIN, R. *The Anger Project*, 2022. Disponível em: www.alltheragescience.com. Acesso em: 28 set. 2023.
7. VOULOUMANOS, V. This psychology professor explained how to deal with people when they're angry with you, and it's something that everyone should know. *BuzzFeed*, 23 jun. 2021. Disponível em: www.buzzfeed.com/victoriavouloumanos/anger-researcher-explains-how-to deal-with-angry-people. Acesso em: 28 set. 2023.
8. DOMINAUSKAITE, J. 6 useful tips on how to deal with angry people, according to psychology professor on TikTok. *BoredPanda*, 9 jul. 2021. Disponível em: www.boredpanda.com/how-to-deal-with-angry-people-tiktok/. Acesso em: 28 set. 2023.
9. MARTIN, 2022.
10. ALLPORT, F. H.; ALLPORT, G. W. Personality traits: Their classification and measurement. *Journal of Abnormal Psychology and Social Psychology*, v. 16, 6-40, 1921.
11. ALLPORT, G. W.; ODBERT, H. S. Trait-names: A psycholexical study. *Psychological Monographs*, v.47(1), i-171, 1936.

12. ALLPORT, G. W. *Pattern and Growth in Personality.* Nova York: Holt, Rinehart and Winston, 1961.

13. BUSS, D. M. Selection, evocation, and manipulation. *Journal of Personality and Social Psychology*, v. 53, 1214-1221, 1987.

14. CATTELL, R. B. The Sixteen Personality Factor Questionnaire (16PF). *Institute for Personality and Ability Testing*, 1949.

15. COSTA, P. T.; MCCRAE, R. R. *The NEO Personality Inventory Manual.* Odessa: Psychological Assessment Resources, 1985.

16. DEFFENBACHER, J. L.; OETTING, E. R.; THWAITES, G. A. et al. State-trait anger theory and the utility of the trait anger scale. *Journal of Counseling Psychology*, v. 43(2), 131–148, 1996.

17. AMERICAN PSYCHIATRIC ASSOCIATION. *Manual diagnóstico e estatístico de transtornos mentais.* 5. ed. Artmed, 2022.

18. Gene Environment Interaction. Disponível em: www.genome.gov/genetics-glossary/Gene-Environment-Interaction. Acesso em: 28 set. 2023.

19. FERGUSON, C. J. Genetic contributions to antisocial personality and behavior: A meta-analytic review from an evolutionary perspective. *Journal of Social Psychology*, v. 150, 160-180, 2010.

20. WANG, X.; TRIVEDI, R.; TREIBER, F. et al. Genetic and environmental influences on anger expression, John Henryism, and stressful life events: The Georgia Cardiovascular Twin Study. *Psychosomatic Medicine*, v. 67(1), 16-23, 2005.

21. STJEPANOVIĆ, D.; LORENZETTI, V.; YÜCEL, M. et al. Human amygdala volume is predicted by common DNA variation in the stathmin and serotonin transporter genes. *Translational Psychiatry*, v. 3, e283, 2013.

22. PEPER, J. S., BROUWER, R. M., BOOMSMA, D. I. et al. Genetic influences on human brain structure: A review of brain imaging studies in twins. *Human Brain Mapping*, v. 28, 464-473, 2007.

23. EISENEGGER, C.; HAUSHOFER, J.; Fehr, E. The role of testosterone in social interactions. *Trends in Cognitive Science*, v. 15, 263-271, 2011.

24. JEFFCOATE, W. J.; LINCOLN, N. B.; SELBY, C. et al. Correlation between anxiety and serum prolactin in humans. *Journal of Psychosomatic Research*, v. 30, 217-222, 1986.

25. PANAGIOTIDIS, D.; CLEMENS, B.; HABEL, U. et al. Exogenous testosterone in a non-social provocation paradigm potentiates anger but not behavioral aggression. *European Neuropsychopharmacology: The Journal of the European College of Neuropsychopharmacology*, v. 27, 1172-1184, 2017.

26. GREENHILL, C. Genetic analysis reveals role of testosterone levels in human disease. *National Reviews Endocrinology*, v. 16, 195, 2020.

27. MAGID, K.; CHATTERTON, R. T.; AHAMED, F. U. et al. Childhood ecology influences salivary testosterone, pubertal age and stature of Bangladeshi UK migrant men. *Nature Ecology & Evolution*, v. 2, 1146-1154, 2018.

28. BANDURA, A.; ROSS, D.; ROSS, S. A. Transmission of aggression through imitation of aggressive models. *Journal of Abnormal and Social Psychology*, v. 63(3), 575-582, 1961.

29. VAN TILBURG, M. A. L.; UNTERBERG, M. L.; VINGERHOETS, A. J. J. M. Crying during adolescence: The role of gender, menarche, and empathy. *British Journal of Developmental Psychology*, v. 20(1), 77-87, 2002.

30. BAILEY, C. A.; GALICIA, B. E.; SALINAS, K. Z. et al. Racial/ethnic and gender disparities in anger management therapy as a probation condition. *Law and Human Behavior*, v. 44(1), 88-96, 2020.

31. MARSHBURN, C. K.; COCHRAN, K. J.; FLYNN, E. et al. Workplace anger costs women irrespective of race. *Frontiers in Psychology*, v. 11, nov. 2020.

32. SALERNO, J. M.; PETER-HAGENE, L. C.; JAY, A. C. V. Women and African Americans are less influential when they express anger during group decision making. *Group Processes & Intergroup Relations*, v. 22, 57-79, 2019.

33. CARSTENSEN, L. L. Selectivity theory: Social activity in lifespan context. *Annual Review of Gerontology and Geriatrics*, v. 11, 195-217, 1991.

34. MARTIN, R. C. Contagiousness of Anger (Dados brutos não publicados), 2010.

35. MARTIN, 2022.

36. DIMBERG, U.; THUNBERG, M. Rapid facial reactions to emotional facial expressions. *Scandinavian Journal of Psychology*, v. 39, 39-45, 1998.

37. SCHACHTER, S.; SINGER, J. Cognitive, social, and physiological determinants of emotional state. *Psychological Review*, v. 69, 379-399, 1962.

38. YOUNG, S. G.; FELTMAN, R. Red enhances the processing of facial expressions of anger. *Emotion*, v. 13, 380-384, 2013.

39. ZIMMERMAN, A. G.; YBARRA, G. J. Online aggression: the influences of anonymity and social modeling. *Psychology Of Popular Media Culture*, v. 5, 181-193, 2016.

40. STECHEMESSER, A.; LEVERMANN, A.; WENZ, L. Temperature impacts on hate speech online: Evidence from 4 billion geolocated tweets from the USA. *The Lancet Planetary Health*, v. 6, 714-725, 2022.

41. ROSENTHAL, L. Mob Violence: Cultural-societal sources, instigators, group processes, and participants. In: Staub, E., *The Psychology of Good and Evil: Why Children, Adults, and Groups Help and Harm Others*. Cambridge: Cambridge University Press, 377-403, 2003.

42. VINGIANO, A. This Is How A Woman's Offensive Tweet Became The World's Top Story. *BuzzFeed News*, 21 dez. 2013. Disponível em: www.buzzfeednews.com/article/alisonvingiano/this-is-how-a-womans-offensive-tweet-became-the-worlds-top-s. Acesso em: 28 set. 2023.

43. RONSON, J. When online shaming goes too far. *TEDGlobalLondon*, jun. 2015. Disponível em: www.ted.com/talks/jon_ronson_when_online_shaming_goes_too_far/transcript. Acesso em: 28 set. 2023.

44. FAN R.; ZHAO J.; CHEN Y. et al. Anger is more influential than joy: Sentiment correlation in Weibo. *PLoS ONE*, v. 9, e110-184, 2014.

45. UCL PSYCHOLOGY AND LANGUAGE SCIENCES. Audience members' hearts beat together at the theatre. *UCL*, 17 nov. 2017. Disponível em: www.ucl.ac.uk/pals/news/2017/nov/audience-members-hearts-beat-together-theatre. Acesso em: 28 set. 2023.

46. SCHUDEL, M. Aaron Beck, psychiatrist who developed cognitive therapy, dies at 100. *The Washington Post*, 3 nov. 2021.

47. BECK, A. T. Prisoners of Hate: The cognitive basis of anger, hostility, and violence. Nova York: Harper Collins, 1999.

48. MARTIN, R. C.; DAHLEN, E. R. The Angry Cognitions Scale: A new inventory for assessing cognitions in anger. *Journal of Rational-Emotive and Cognitive Behavior Therapy*, v. 25, 155-173, 2007.

49. MARTIN, R. C.; VIEAUX, L. E. Angry thoughts and daily emotion logs: Validity of the Angry Cognitions Scale. *Journal of Rational-Emotive and Cognitive Behavior Therapy*, v. 29, 65-76, 2013.

50. DE QUERVAIN, D. J.; FISCHBACHER, U.; TREYER, V. et al. The neural basis of altruistic punishment. *Science*, v. 305, 1254-1258, 2004.

51. CARLSMITH, K. M.; WILSON, T. D.; GILBERT, D. T. The paradoxical consequences of revenge. *Journal of Personality and Social Psychology*, v. 95, 1316-1324, 2008.

52. MARTIN, 2022.

53. ZILLMANN, D.; KATCHER, A. H.; MILAVSKY, B. Excitation transfer from physical exercise to subsequent aggressive behavior. *Journal of Experimental Social Psychology*, v. 8, 247-259, 1972.

54. MARTIN, 2022.

55. SPIELBERGER, C. D. *State-Trait Anger Expression Inventory-2*. Odessa: Psychological Assessment Resources, 1999.

56. LAZARUS, C. N. Think sarcasm is funny? Think again. *Psychology Today Blog. Think Well*. Disponível em: www.psychologytoday.com/us/blog/think-well/201206/think-sarcasm-is-funny-think-again. Acesso em: 28 set. 2023.

57. BALSTERS, M. J. H.; KRAHMER, E. J.; SWERTS, M. G. J. et al. Emotional tears facilitate the recognition of sadness and the perceived need for social support. *Evolutionary Psychology*, v. 11, 2013.

58. FABES, R. A.; EISENBERG, N.; NYMAN, M. et al. Young children's appraisals of others' spontaneous emotional reactions. *Developmental Psychology*, v. 27, 858-866, 1991.

59. DEFFENBACHER, J. L. Cognitive-behavioral approaches to anger reduction. In: DOBSON, K. S.; CRAIG, K. D. (eds.), *Advances in cognitive-behavioral therapy*. Thousand Oaks: Sage, 31-62, 1996.

60. ADELMAN, L.; DASGUPTA, N. Effect of threat and social identity on reactions to ingroup criticism: Defensiveness, openness, and a remedy. *Personality and Social Psychology Bulletin*, v. 45, 740-753, 2019.

61. MARTIN, 2022.

62. FAN R.; ZHAO J.; CHEN Y. et al. Anger is more influential than joy: Sentiment correlation in Weibo. *PLoS ONE*, v. 9, e110184, 2014.
63. BERGER, J.; MILKMAN, K. L. What makes online content viral? *Journal of Marketing Research*, v. 49(2), 192-205, 2012.
64. RADESKY, J. S.; KISTIN, C. J.; ZUCKERMAN, B., et al. Patterns of mobile device use by caregivers and children during meals in fast food restaurants. *Pediatrics*, v. 133(4), e843-e849, 2014.
65. ZIMMERMAN, A. G.; YBARRA, G. J. Online aggression: The influences of anonymity and social modeling. *Psychology Of Popular Media Culture*, v. 5, 181-193, 2016.
66. MARTIN, R. C.; COYIER, K. R.; VAN SISTINE, L. M. et al. Anger on the internet: The perceived value of rantsites. *Cyberpsychology, Behavior, and Social Networking*, v. 16, 119-122, 2013.
67. ABOUJAOUDE, E.; STARCEVIC, V. The rise of online impulsivity: A public health issue. *The Lancet Psychiatry*, v. 3, 1014-1015, 2016.
68. MARTIN, 2022.
69. MARTIN, VIEAUX, 2013.
70. MARTIN, 2022.
71. CENTERS FOR DISEASE CONTROL AND PREVENTION. Fast Facts: Preventing Intimate Partner Violence. *CDC*, 11 out. 2022 Disponível em: www.cdc.gov/violenceprevention/intimatepartnerviolence/fastfact.html. Acesso em: 28 set. 2023.